RECRUTEMENT DE L'ARMÉE

ET

POPULATION DE LA FRANCE

PAR LE Dr J.-C. CHENU

MÉDECIN PRINCIPAL D'ARMÉE

La résistance d'une armée, comme celle d'un édifice ou mieux encore d'un organisme vivant, dépend avant tout du bon choix, de la solidité des éléments, des matériaux dont ils sont formés. La détérioration des uns entraîne bientôt celle des autres. Il faut donc donner à l'armée, par un bon recrutement, une saine et vigoureuse constitution ; on aura moins de peine à l'entretenir et à la conserver ; on dépensera moins d'hommes et moins d'argent. GODELIER, médecin principal d'armée.

Il faut dévoiler les vérités les plus affreuses sur une situation qui est le véritable obstacle à l'accroissement de la population.

C'est non-seulement une question d'humanité, mais encore une véritable question d'État. HUSSON, directeur de l'Assistance publique.

PARIS

J. DUMAINE, LIBRAIRE-ÉDITEUR, RUE ET PASSAGE DAUPHINE, 30.

VICTOR MASSON ET FILS, LIBRAIRES, PLACE DE L'ÉCOLE-DE-MÉDECINE.

1867

PARIS. — IMPRIMERIE DE COSSE ET J. DUMAINE, RUE CHRISTINE, 2.

RECRUTEMENT DE L'ARMÉE

ET

POPULATION DE LA FRANCE

> La statistique est brutale par ses chiffres, mais les déductions qu'on en tire, pour être vraies, doivent être exemptes de passion et d'idées préconçues.

Une grande nation comme la France doit-elle avoir une armée forte et permanente? Cette question a été traitée à plusieurs points de vue, avec plus ou moins d'autorité par divers écrivains et il ne m'appartient pas de la discuter. L'armée existe, je fais partie de l'armée depuis quarante ans, et je n'ai pas compétence pour m'occuper des moyens de défense des institutions et de l'indépendance du pays. Néanmoins, si je touche à la question, c'est qu'à l'appui de leurs principes économiques, les écrivains dont je viens de parler ont considéré la permanence de l'armée comme la cause principale de la dépopulation en France. C'est donc à ce seul point de vue que je me permettrai de présenter quelques observations sur le recrutement et sur les causes qui ralentissent l'accroissement de la population. Je chercherai la part imputable à la présence des contingents sous les drapeaux; je ferai connaître les pertes en hommes, en temps de paix, comme en temps de guerre et je comparerai ces pertes regrettables sans doute et qu'il serait possible de diminuer beaucoup, aux pertes énormes, incroyables, incessantes, que le pays subit sans trop s'en préoccuper, et, qui sont la véritable cause du non-accroissement de la population.

Je n'aborderai que des questions de ma compétence; et, profitant des observations et des écrits de mes confrères des hôpitaux et des régiments, je présenterai sommairement le résultat de l'expérience de tous.

La réorganisation de l'armée sur de nouvelles bases donne peut-être quelqu'opportunité aux considérations qui vont suivre.

Je dirai d'abord que la mortalité dans l'armée porte surtout sur les jeunes soldats trop faibles pour supporter les épreuves et les exigences du service militaire (Pour la formation d'un contingent, on doit toujours se pénétrer de l'idée que l'armée doit entrer immédiatement en campagne). Ce n'est pas l'armée qui choisit les jeunes soldats, ce sont les conseils de révision qui les lui envoient, et dans ces conseils l'armée n'a qu'une voix sur cinq. Aussi verrons-nous bientôt les conséquences fâcheuses de décisions souvent peu réfléchies.

Le développement incomplet, la virilité équivoque chez des jeunes gens de 20 à 21 ans, doivent toujours faire supposer la faiblesse d'un ou de plusieurs organes, s'ils n'indiquent pas l'imminence de maladies qui n'attendent qu'une occasion pour se déclarer ou qu'une existence sans trouble pour n'être qu'une crise à dominer.

Aussi, désirerais-je, tout en reconnaissant l'impossibilité de ma proposition, que les membres des conseils de révision fussent matériellement responsables des non-valeurs qu'ils envoient sous les drapeaux, ou qu'ils fissent l'essai d'une étape, tambour battant, le sac au dos, avec armes, bagages, munitions et des vivres pour cinq ou six jours. Après cette épreuve, ils comprendraient la mesure des forces que doit avoir un soldat. Le pays, le trésor et l'armée y gagneraient considérablement.

Il est en effet plus avantageux à la force militaire d'un État, comme à sa population tout entière, de n'admettre au service que les hommes capables de porter immédiatement les armes, au lieu d'envoyer sous les drapeaux un si grand nombre de jeunes gens qui ne présentent que l'espoir d'un développement ultérieur, sous l'influence du régime de l'armée.

Si l'obligation du service militaire est commune à tous les citoyens, la société en demandant à ceux que le sort désigne, de consacrer quelques années de leur jeunesse aux besoins de la patrie, n'a pas exigé d'eux le sacrifice de la vie même, si ce n'est au jour des combats. Et si, par le seul fait du métier des armes, même en temps de paix, l'existence de certains d'entre eux se trouvait compromise, serait-il juste de leur laisser courir le risque de la vie, là où les autres n'engageraient que leur temps seul? Non, le législateur, en exigeant cette dette de chacun, a voulu qu'elle portât sur tous avec égalité, et les conseils de révision sont institués pour veiller à ce que le sacrifice n'excède pas l'obligation.

Malheureusement l'appréciation repose quelquefois sur des données obscures ou douteuses, et tandis qu'elle devrait être le résultat de l'examen le plus scrupuleux et le plus attentif, on est forcé de reconnaître que les décisions des conseils sont prises parfois sur des apparences trop souvent trompeuses.

Sans doute, les conseils n'ont pas plus le devoir que le droit de ne choisir que les plus beaux hommes; tous ceux qui sont évidemment propres au service demandé doivent être acceptés; mais dans les cas de constitution insuffisante, dans tous les cas douteux qui cachent assurément une disposition morbide latente, que le diagnostic le plus prompt et le plus habile ne peut que supposer sans la définir immédiatement, le conseil doit prononcer l'exemption. Il n'en est cependant pas toujours ainsi: on a l'espoir que ces jeunes gens se fortifieront au régiment. Le régiment en effet les fortifie..... ou les tue. La vie militaire brise ces constitutions chétives beaucoup plus souvent qu'elle ne les retrempe. C'est ce que ne savent pas assez les membres civils des conseils de révision; sans cela, exposeraient-ils à cette épreuve des hommes qui, restés ouvriers, agriculteurs, à l'abri des rudes chances qu'encourt le soldat, auraient pu vivre utiles à leurs familles et à leurs concitoyens? (*Voir* Pièces justificatives, n° 1.)

Le jugement doit donc être en faveur des parties les plus intéressées : c'est-à-dire de l'individu, de l'armée et de la société.

De l'individu, pour lequel c'est une question d'existence; de l'armée, qui recevra un combattant vigoureux à la place d'un soldat débile; de la société, qui verra revenir plus robustes encore dans la vie civile, les hommes robustes qu'elle aura confiés à l'armée, au lieu de perdre au service militaire tant d'hommes qui n'étaient pas faits pour lui.

« Il ne faut pas craindre de le dire encore, car il s'agit ici d'un intérêt de premier ordre; la constatation sérieuse, approfondie, réelle, de l'aptitude physique du jeune soldat est souvent très-difficile. Tout ce qui échappe à un examen trop précipité, pour n'être pas parfois incomplet, reste évidemment inconnu, et l'on prononce trop souvent l'admission sur l'apparence bien plus que sur la réalité. A la revue de départ, les commissions spéciales, suivant à peu près les mêmes errements et déjà engagées par la décision des conseils, ne rejettent que les cas où l'erreur est flagrante. »

« Les instructions ministérielles indiquent bien les situations, infirmités ou maladies qui rendent impropre au service militaire, mais elles ne peuvent préciser le degré de vigueur que doit présenter le jeune soldat, et cette appréciation est laissée par la loi à l'intelligence et à la conscience des conseils. » GODELIER, médecin principal.

Si les conséquences de l'admission des constitutions débiles dans l'armée sont funestes en temps de paix, combien ne s'aggravent-elles pas en temps de guerre! Dès le premier mois d'une campagne, l'armée laisse derrière elle un dixième et plus de son effectif, comme nous l'avons vu en 1854, en Orient, et dès le mois de mai 1859, en Italie. Les hommes faibles, délicats, ne peuvent résister aux premières fatigues (1). L'inexorable phthisie reconnaît et marque ses victimes ; la fièvre typhoïde et les affections intestinales frappent fatalement les soldats dont les systèmes musculaire et nerveux sont trop peu résistants. Ces hommes alors se traînent jusqu'au premier hôpital, et une fois séparés du régiment, ils constatent chaque jour leur faiblesse, font une station plus ou moins longue dans chacun des hôpitaux de la route qu'ils suivent pour rejoindre, et, pendant toute la campagne, ils manquent dans le rang et finissent par la mort ou par la réforme.

Ce n'est pas tout encore, quoique ce soit déjà assez grave ; ce sont les hommes trop faibles qui, arrêtés dès le début, encombrent les hôpitaux, les infectent et font supporter aux compagnies décimées toutes les fatigues de la situation. Les journées de service, les gardes, les corvées, sont réparties sur ce qui reste de valide, et bientôt, parmi ces valides eux-mêmes, un bon nombre de ceux qui auraient résisté aux charges convenablement divisées sur l'effectif complet, s'épuisent, sont bientôt malades, viennent subir dans les hôpitaux les mauvaises conditions établies par les faibles ; les amputés et les blessés sont soumis à la dégénérescence si fatale des plaies, et un trop grand nombre des uns et des autres meurent de cette maladie invisible, mais redoutable, que nous avons appelée l'hôpital.

A l'armée d'Orient, les maladies étrangères au feu de l'ennemi, sans parler de la mortalité qui est dans les mêmes proportions, ont coûté, comme journées de traitement, en dehors des frais d'installation, 13,344,720 fr., tandis que les blessures n'ont coûté que 4,835,782 fr. — *Voir*, pour plus de détails, mon *Rapport sur la campagne d'Orient*. — Ces chiffres éclaireront-ils les membres des conseils de révision qui, tout en sauvegardant les intérêts des communes, doivent prendre aussi les intérêts de tous les contribuables?

Les pertes par maladies sont imputables évidemment à diverses causes dont nous parlerons ailleurs en traitant de l'hygiène et de la nourriture du soldat ; mais, pour le moment, nous n'avons à nous occuper que de la faiblesse d'une partie du contingent.

Au point de vue médical, comme le fait observer judicieusement notre excellent ami le docteur Godelier, professeur au Val-de-Grâce, n'est-il pas incontes-

---

(1) En 1854, l'armée française transportée en Orient par bateaux à vapeur comptait, avant l'invasion du choléra, 5,500 hommes aux hôpitaux qu'il fallut installer à grands frais à Gallipoli, à Nagara, à Andrinople, à Varna et à Constantinople, pour un effectif d'environ 50,000 hommes.

En 1859, au début de la campagne d'Italie, nos troupes, depuis le passage des Alpes, d'une part, et le débarquement à Gênes, de l'autre, c'est-à-dire depuis le 26 avril jusqu'au 26 mai, laissaient aux hôpitaux, sur les routes conduisant à Turin et sur celles de Gênes à Alexandrie, 9,582 malades, sur un effectif qui, à cette date, n'atteignait pas 100,000 hommes. (*Voir* Pièces justificatives, n° 4.)

table que de la différence des constitutions découlent des différences dans la nature, le caractère et la forme des maladies? Ne sont-elles pas plus soudaines, plus aiguës, plus généralement inflammatoires, dans les bonnes constitutions, reconnaissant surtout pour cause des modifications brusques, accidentelles, produites par les agents extérieurs; orages passagers après lesquels la santé peut reparaître aussi forte et aussi belle? Par contre, n'est-ce pas surtout dans les constitutions débiles qu'apparaissent ces affections à invasion sourde et graduelle, de nature incertaine, à marche lente, mais continuelle et semblant bien plutôt dépendre de l'altération progressive imprimée aux fonctions générales par l'action persévérante des modificateurs habituels que de l'application fortuite d'un agent extérieur quelconque? (*Voir* Pièces justificatives, n° 3.)

A un autre point de vue, quand on a extrait du contingent annuel les hommes les plus aptes au service des armes spéciales, de la cavalerie, le reste, c'est l'infanterie. Elle reçoit donc tous ces hommes douteux que les conseils de révision n'envoient sous les drapeaux qu'avec l'espoir qu'ils se fortifieront au régiment.

Laissant de côté les armes spéciales, la cavalerie, les corps d'élite qui sont l'objet d'un choix particulier, ne prenons pour terme de comparaison que l'infanterie de ligne et les chasseurs à pied, qui sont eux-mêmes aussi choisis dans l'infanterie. Ces hommes de même profession, de même âge, soumis aux mêmes influences générales, au même genre de vie, mangeant le même pain; unités humaines aussi semblables entre elles que jamais la statistique médicale puisse se flatter d'en avoir soumises à l'observation, présentent des différences considérables comme résistance aux maladies. Prenons la phthisie pour exemple. Notre savant collègue nous donne le résultat suivant de ses études statistiques sur le développement de cette fatale maladie : l'infanterie perd annuellement par la phthisie 7 pour 1,000, tandis que les chasseurs à pied ne perdent que 1,1; et il faut remarquer que les conditions qui créent la résistance à la tuberculisation pulmonaire s'opposent encore à l'invasion des autres maladies.

Ainsi, en définitive, tous ces jeunes soldats trop faibles sont non-seulement perdus pour l'armée, après avoir occasionné d'énormes dépenses à l'Etat; mais ils sont perdus pour le pays, pour la commune, pour la famille, qui ne les revoit plus, ou ne les revoit que munis d'un congé de convalescence ou de réforme, certificats qui équivalent le plus souvent à un faire part anticipé. Car, il ne faut pas se faire d'illusions, on est très-difficile en matière de réforme. D'ailleurs, s'il fallait chaque année, même après la première élimination faite par les commissions spéciales, renvoyer tous les faibles, et ce serait cependant le parti le plus sage, l'armée perdrait plus d'un dixième de son effectif. Repoussés tout d'abord par les conseils de révision et laissés dans leurs foyers, ces jeunes gens se seraient développés et auraient été conservés à la famille et au pays, car l'égalité de l'âge n'implique pas l'égalité de force, et tel qui est chétif encore à 20 ans peut être fort à 25, si rien ne vient troubler son développement.

Un meilleur choix du soldat, au point de vue de l'économie sociale, a une énorme importance. En effet, si le choix est bon, l'armée qui perd si peu, comme on le sait, par le feu de l'ennemi, rendra au pays tous les hommes qu'il lui a prêtés, plus forts qu'il ne les lui a prêtés et reproducteurs vigoureux et solides. Si, au contraire, la proportion des hommes faibles reste aussi considérable; si les intérêts mal entendus de la commune dominent les intérêts du pays; si l'espoir trompeur de voir rentrer par voie de réforme les hommes d'une constitution débile fait violence aux intentions de la loi, la mortalité conservera ses droits et ses proportions, l'Etat sera obligé à de grosses et *inutiles* (1) dépenses; les contingents annuels dont les demandes s'établissent proportionnellement aux besoins et aux déchets prévus seront forcément maintenus au même chiffre, et trop de non-valeurs continueront à embarrasser l'armée.

La campagne de 1854–1856 en Crimée a donné des preuves aussi concluantes que possible du peu de résistance que présentent les jeunes soldats non complétement développés. Nous ne reproduirons pas ici les résultats exposés dans notre rapport sur cette campagne; nous citerons un autre exemple dans l'armée anglaise : le duc de Newcastle, pour réparer les pertes subies par cette armée, écrivit en 1855 à lord Raglan qu'il tenait à sa disposition 2.000 jeunes soldats prêts à partir. Le général en chef répondit immédiatement que les derniers arrivés étaient si faibles et si peu formés qu'ils avaient été enlevés comme des mouches et qu'il préférait s'en passer, si l'on ne pouvait faire un meilleur choix.

En réfléchissant bien à cette situation et à la tendance avouable sans doute des conseils de révision à prétendre sauvegarder les intérêts des départements, il est facile de reconnaître que, loin d'arriver au but, on perd au lieu de gagner, puisque la mortalité indépendante du feu de l'ennemi atteint la grande partie de ces non-valeurs de l'armée, tandis que le fer et le plomb font dix fois moins de victimes parmi les soldats vigoureux qui sont restés dans le rang.

Si les instructions ministérielles ne peuvent préciser le degré de vigueur que doit avoir un jeune homme apte au service militaire, il est bien évident que sa force doit être en rapport avec les exigences des situations qu'il doit subir presque tous les jours en temps de guerre, et que tel qui pourra, par exemple, conduire sa charrue au pas plus ou moins lent de ses chevaux ou de ses bœufs, qui trouvera ses repas et son repos à heures fixes, qui ne sera pas exposé nuit et jour

(1) *Voir* Pièces justificatives, n° 2.

à la pluie, au froid, à la chaleur, qui pourra s'arrêter au besoin pour reprendre haleine, qui n'aura pas, en un mot, un travail obligé excédant ses forces, ne pourra pas faire impunément trois étapes, le sac au dos, malgré le tambour qui le stimule et lui mesure inexorablement le nombre, l'étendue et la rapidité de ses pas (1), surtout si, à l'arrivée au but, de nouvelles fatigues l'attendent pour les corvées inévitables, et si, l'estomac peu lesté, il ne peut se livrer qu'à un demi-sommeil.

Citons pour exemple les marches pendant la campagne d'Italie; rappelons en général quelles sont les précautions dont il faut s'entourer nuit et jour, les obstacles qu'il faut surmonter, les travaux qu'il faut entreprendre, nous aurons tracé le tableau le plus vrai des fatigues de l'homme de guerre.

Les marches sont plus ou moins longues, elles se font par tous les temps; la pluie, l'orage, le vent, l'ardeur du soleil, la poussière, rien ne les arrête. Pendant les marches il faut envoyer au loin, sur le front et les flancs, des compagnies d'éclaireurs, surtout dans un pays couvert de haies, d'arbres, de vignes, coupé par des canaux, des rizières, pendant une saison où toute la végétation est déjà avancée, les blés, les maïs élevés, et sur un terrain dont les dispositions accidentées favorisent les attaques de surprise; en un mot, un corps ne fait pas un mouvement sans se faire précéder, suivre et flanquer par des détachements plus ou moins nombreux. Que de difficultés, que d'obstacles naturels ou préparés par l'ennemi et qu'il faut surmonter! Ce sont des fossés larges et plus ou moins profonds et remplis d'eau qu'il faut combler pour pouvoir passer; ce sont des rivières, des canaux, dont les ponts sont détruits et sur le bord opposé desquels il faut cependant arriver; ce sont des passages qu'il faut établir pour l'artillerie, pour les voitures de munitions et d'approvisionnements, pour les caissons d'ambulances; ce sont des ponts de circonstance qu'il faut improviser avec les arbres qu'on abat, les pierres qu'on transporte; ce sont des routes ou des voies ferrées coupées ou obstruées

(1) *Vitesse de l'infanterie en marche et portant en moyenne un poids de 33 kilogrammes.*

DÉSIGNATION DU PAS.	NOMBRE DE PAS par minute.	ESPACE PARCOURU	
		par minute.	par heure.
		m.	kilomètres.
Ordinaire	76	49 40	3 000
De route	400	65 00	4 000
Accéléré	440	71 50	4 290
De charge	428	83 20	4 992

La dépense de force pendant l'étape, sans tenir compte de l'irrégularité du sol, s'exprime par le poids transporté multiplié par le nombre de mètres parcourus.

GARREAU, médecin principal d'armée.

par l'ennemi et qu'il faut rétablir ou déblayer. Que de cours d'eau n'a-t-il pas fallu franchir ainsi ! Sans parler des canaux, la Scrivia, le Pô, la Sesia, le Tessin, l'Adda, le Serio, l'Oglio, la Mella, la Chiese, le Mincio ont été passés par l'armée avec les mêmes difficultés préparées par les Autrichiens en retraite.

Après la marche et à l'arrivée au point qu'une division doit occuper, de nouvelles fatigues se présentent : on envoie partout des avant-postes, des grand'-gardes, des vedettes ; on pousse des reconnaissances ; des patrouilles plus ou moins fortes, suivant les circonstances, se meuvent nuit et jour. On établit le bivouac, on place des sentinelles, des petits postes devant les armes, autour du drapeau. On constitue la garde du camp ; on va souvent au loin aux provisions, si elles n'ont pas été distribuées avant le départ. Il faut aller chercher de l'eau, du bois, creuser des tranchées de voirie, et les feux s'allument quand on n'a pas à cacher sa position à l'ennemi ; et, qu'il ait plu, ou que l'ardeur du soleil ait imbibé les vêtements par la transpiration, ou, enfin, qu'on se soit mouillé en traversant des prairies humides, des canaux d'irrigation, on se sèche si l'on peut, on mange ce que l'on a et l'on cherche à dormir, si une alerte ne force pas à rester sous les armes pendant une partie de la nuit, en se résignant à attendre le café noir du lendemain.

Tous les corps de l'armée ont leur marche souvent forcée, quelquefois d'une durée fort longue et de nombreux coups de collier à donner. Dans certains moments difficiles, surtout par les mauvais temps, lorsque les terres sont détrempées, on demande au fantassin ce qu'on ne pourrait obtenir des chevaux.

Le 5e corps, dans ses mouvements dans les duchés, a eu à franchir les Apennins, et il a rencontré de nombreuses difficultés qu'il a fallu vaincre ; des chemins souvent impossibles et praticables seulement pour des chèvres ; des torrents débordés, des orages ou une chaleur excessive. Aussi le nombre des malades a-t-il été proportionnellement considérable, et cependant ce corps n'a pas été en présence de l'ennemi.

Après le combat, aux mêmes obligations que nécessite l'établissement du bivouac, il faut ajouter une surveillance plus active dans la supposition d'un retour offensif, le déblayement du terrain, le nettoyage des armes, l'établissement de travaux de défense, la recherche et le transport des blessés amis et ennemis restés sur le champ de bataille, l'inhumation des morts, sans distinction de nationalité ; enfin, les soins qu'exige la mise en ordre du matériel de toutes sortes abandonné par l'ennemi et présentant quelque valeur.

Mais, pendant le combat, que d'efforts, que de mouvements, que de manœuvres de force ! et, il faut bien le dire, *c'est à l'infanterie qu'incombe la plus grosse part de toutes les fatigues, de toutes les corvées*. Les hommes des armes spéciales, toujours en petit nombre relativement aux travaux à exécuter ont besoin d'aides (1); le fantassin devient alors terrassier; le fusil au dos, il porte une pèle, une pioche; sous la direction de l'artillerie ou du génie, il creuse les tranchées, comble les fossés, perce, établit, élargit, répare les routes, remue la terre comme déblais ou remblais, et fournit son puissant appoint dans toutes les circonstances difficiles; c'est pour cela qu'il lui faut force musculaire et énergie morale autant qu'à l'artilleur, qu'au sapeur, qu'au cavalier. C'est dans les moments difficiles surtout qu'il faut des hommes robustes, respirant à pleins poumons. Le sort d'une armée peut dépendre de l'impuissance des faibles qui sont dans le rang, et qui, malgré la meilleure volonté, ne peuvent suivre.

« L'infanterie constitue, en effet, la plus grande partie de notre armée; c'est elle qui gagne les batailles; mais pour arriver à ce résultat, il faut qu'elle marche, et qu'elle marche en portant tout son bagage, fusil, munitions, sabre, vêtements, linge, chaussures, tente-abri, montants et piquets de tente, hachette, gamelle particulière, bidon d'un litre, bidon de dix litres, marmite, gamelle d'escouade, enfin, des vivres pour cinq ou six jours. Le soldat porte non-seulement ce qui lui appartient, mais encore ce qui appartient à la communauté de l'escouade. Aussi voilà, réunie sur ce dos complaisant, une masse qu'on soulève à peine lorsqu'elle est à terre et dont la chute retentit comme celle d'un aérolithe, quand le soldat s'en débarrasse avec un juron de burlesque ressentiment. Beaucoup vont quand même sans doute; mais les muscles des faibles ont beau faire effort; en vain l'estomac peu garni sollicite le courage et stimule l'ardeur sous prétexte que le déjeuner s'approche; le soldat trop faible n'écoute bientôt plus ces incitations, ni celles de l'amour-propre; il cherche une allégeance dans une allure plus lente; les temps d'arrêt se multiplient; les groupes de lassés se renforcent, et, après trois ou quatre jours, l'organisme surmené est au cran de repos forcé; il tombe affaissé et malade. Que de fois j'ai gémi en contemplant derrière nous ces rassemblements de traînards qui arrivent tard au camp, ne trouvent plus une soupe chaude, s'endorment échinés, allanguis dans leur vêtement souillé, ne se déchaussent que sous peine de trouver le lendemain un soulier roide et trop étroit pour leur pied gonflé, et se démoralisent! Peu à peu le déchet des bataillons se montre

---

(1) « Sur les pièces françaises, devant Sébastopol, quatre-vingt-quatre étaient servies par nos marins; les trois cent quatre autres, par l'artillerie de terre, aidée de douze cents auxiliaires pris dans cette infanterie qui, non-seulement est l'arme essentielle des batailles rangées, mais qui se prête encore à tous les services. Que des difficultés d'exécution se présentent, on peut toujours compter sur le modeste fantassin, et l'on est souvent obligé de recourir à lui, les autres armes ne pouvant suffire à certains cas exceptionnels de guerre. C'est à l'infanterie qu'on demande des ouvriers de toute espèce et des travailleurs pour les tranchées. L'infanterie, c'est la masse inépuisable où l'on va prendre sans cesse. »

Fay, chef d'escadron d'état-major, aide de camp du général Bosquet.

et va s'accroissant jusqu'à élimination des hommes impropres à un service qui demande tout à la fois résistance, vivacité et bonne humeur. » (*Nos armées en campagne.*)

Je pourrais produire, on le comprendra, un grand nombre d'exemples qui prouvent la nécessité de cette vigueur à laquelle il faut tenir pour le fantassin, vérité méconnue et chèrement payée ; mais ce serait faire l'histoire de l'infanterie, et ce n'est pas notre but. Qu'il me soit cependant permis de citer à ce sujet deux rapports officiels qui complètent nos observations : l'un est du général Vinoy, l'autre est du général de Sévelinges. Ces deux rapports ont été faits après la bataille de Solférino, et presque tous les généraux auraient certainement à faire connaître des situations semblables, si elles n'étaient pas dans les habitudes de tous les jours en campagne (1).

Rapport du général Vinoy.

On ne se ferait qu'une idée bien incomplète de l'énergie de nos soldats, ainsi que des fatigues qu'ils ont eues à supporter, si l'on ne tenait pas compte de la situation dans laquelle ils se sont trouvés pendant cette action de 18 heures, depuis 3 heures du matin, heure du départ, jusqu'à 9 heures du soir, moment de l'installation au bivouac. Avant leur départ de Carpenedolo, ils n'avaient pris que le café, et, pendant toute la journée, ils n'ont pas eu un seul instant pour prendre la moindre nourriture.

Combattant sous un soleil ardent, au milieu d'un terrain sans eau, ils ont eu à lutter non-seulement contre les Autrichiens, mais encore contre la faim, la chaleur et la soif, ennemis bien redoutables aussi. Quand on songe à l'énergie qu'il faut avoir pour se maintenir dans des conditions pareilles, on ne peut se défendre d'une grande admiration pour une armée si dévouée, si brave et si pleine d'abnégation dans les circonstances périlleuses et difficiles.

Rapport du général de Sévelinges.

Monsieur le maréchal, je suis heureux d'avoir à vous signaler l'aide fraternelle que le 1er régiment de grenadiers a portée à l'artillerie de la garde dans la journée

(1) Le général Bosquet écrivait, le 27 décembre 1854, en Crimée : « Le général Bouat a fait porter hier à dos d'hommes 198 bombes de 100 livres ; l'essai pour les bombes de 190 livres n'a pas réussi. Le même travail doit continuer demain avec des relais établis au camp du général Vinoy, dont la brigade était employée au même travail, depuis Balaclava jusqu'au camp, et fournissait, à cet effet, deux groupes de 800 travailleurs se relayant.... La première division avait apporté 264 projectiles de Balaclava au col ; la deuxième division, 1729 projectiles du col au parc du Moulin. » FAY, chef d'escadron d'état-major.

du 24 juin. L'artillerie à cheval avait plusieurs pièces en batterie sur la crête du mont Fontana devant Cavriana ; plus bas se trouvait un plateau bien situé où il était désirable de placer d'autres pièces pour appuyer le feu des précédentes, mais dont l'accès était impossible aux chevaux à cause de l'extrême roideur des pentes. Les grenadiers, à la voix de leurs officiers, s'attelèrent en grand nombre à quatre canons rayés et les hissèrent de la plaine au plateau, avec une vigueur et un entrain admirables. Pendant que ces quatre pièces faisaient feu, ils les approvisionnaient de munitions en faisant la chaîne depuis les caissons restés dans la plaine jusqu'à la batterie. Ce feu a contribué puissamment à l'expulsion de l'ennemi des positions de Cavriana. Tous les corps de l'armée se doivent appui mutuel par les armes ; mais ici les grenadiers du 1er régiment ont fait plus qu'on ne pouvait leur demander, et je leur adresse, au nom de l'artillerie de la garde, des remerciements que j'ai l'honneur de vous prier de vouloir bien transmettre à M. le général Mellinet, etc....

L'armée française, en Crimée, a établi, réparé, entretenu 100 kilomètres de routes ; elle a creusé 80 kilomètres de tranchées, 1,200 mètres de travaux de mines, construit 160 batteries, fabriqué 50,000 gabions, 20,000 fascines, 800,000 sacs à terre, élevé des fortifications devant Kamiesch, et tous ces travaux ont été exécutés par des corvées d'infanterie sous la direction de l'artillerie et du génie.

Quelles sont donc les qualités que doit présenter le soldat ? M. le Dr Vincent, médecin-major, donne l'idéal des conditions à désirer, mais qu'il serait bien difficile de trouver réunies.

« Stature plus ou moins élevée, bien prise dans son ensemble ; conformation générale symétrique, sans maigreur, sans obésité; tête régulière, pourvue d'une bonne chevelure, et aisément portée sur un cou suffisamment charnu et pur de tout relief goîtreux et de souillure scrofuleuse; visage modérément coloré; sens intacts; œil intelligent; voix pleine, libre et sonore; fonctions digestives assurées par la souplesse du ventre et un embonpoint moyen ; respiration aisée et profonde ; circulation calme et uniforme.

« Torse flexible et robuste, suffisamment cambré et témoignant, par l'ampleur de la poitrine, l'épaisseur des épaules, le délié de la ceinture et le développement des hanches, de l'état parfait de la charpente osseuse et des organes qu'elle protége.

« Membres bien attachés, droits, musculeux, et terminés par des extrémités vigoureuses, complètes et librement agissantes.

« Peau ferme, plus ou moins velue, sans brides cicatricielles, brune ou blanche, mais non livide, à veines assez apparentes, sans saillie variqueuse, comme sans marbrures lymphatiques. »

Virilité pleinement accusée.

L'énergie morale soutient la force physique, dira-t-on ; c'est vrai quelquefois, mais pour un temps limité seulement ; le plus souvent, c'est la confiance dans la force qui fait l'énergie. Examinez les jeunes recrues à leur arrivée au régiment : Forts et faibles sont confondus ; le départ a été plus ou moins triste, mais la route a été égayée et s'est faite sans fardeau : aussi c'est seulement à l'heure de l'arrivée que le changement d'existence va faire sentir ses rigueurs et établir d'énormes différences.

Aux faibles, la dureté des épreuves, les souvenirs, les regrets, la maladie, l'hôpital !

Aux forts, la résignation, l'espérance, la santé, le service vraiment utile au pays !

Les uns et les autres, étrangers à ceux qui les entourent, sentent que leur personnalité leur échappe et se perd dans le nombre. Les premiers s'effraient d'une situation que les seconds acceptent sans en être troublés. Pour se plier aux exigences du métier, les uns sont obligés à d'incessants efforts, tandis que les autres supportent l'épreuve sans trop de peine et *s'acclimatent*.

Voilà les débuts de l'initiation ; quelques-uns n'ont pas résisté ; mais enfin l'équilibre paraît s'établir, pour un bon nombre. La vie de garnison a ses habitudes sans privations, mais non toujours sans dangers ; une année s'est écoulée lentement et plus ou moins durement.

Mais voici de plus dures épreuves : le régiment part pour entrer en campagne ; la première étape se fait assez bien ; dès la seconde, les plus faibles s'arrêtent, et bientôt il ne reste plus que les hommes primitivement vigoureux : ce sont les seuls qui arrivent devant l'ennemi ; les autres encombrent les hôpitaux ; quelques-uns y meurent après un séjour plus ou moins long ; quelques autres, comme nous l'avons déjà dit, rejoignent pour un jour et entrent de nouveau à l'hôpital, et, parmi eux, il en est peu qui sentent l'odeur de la poudre ; mais tous ont coûté énormément à l'État, ont créé mille embarras au commandement, et beaucoup ont contracté des maladies qui les conduisent et les ramènent sans cesse aux hôpitaux jusqu'à leur libération, si elles ne nécessitent leur réforme, et nous savons ce que cela veut dire... Fâcheux exemple bien fait non-seulement pour inspirer des appréhensions et des défaillances aux jeunes gens qui vont être bientôt appelés à leur tour sous les drapeaux, mais encore de cruelles émotions et de sinistres espérances aux parents qui les voient partir. Pour ces jeunes gens revêtus de l'habit militaire, point de gloire, point de compensations ; la plus grande partie de leur congé s'est passée aux hôpitaux, et pour eux la solde régulière du soldat s'est quadruplée à chaque journée d'hôpital.

Les hommes forts supportent donc seuls toutes les privations et toutes les fatigues, « toujours gais, dispos, alertes, industrieux, toujours maîtres de leur corps, toujours les premiers au réveil, à l'appel, au café, à la soupe, au combat, fortifiés encore par une confiance mutuelle et par une touchante confraternité. Eux seuls donnent l'exemple de l'héroïsme prolongé le plus pur, le plus admirable. Jeunes hommes de nos belles provinces, obéissant aux mêmes ordres, confondus dans les mêmes rangs, participant aux mêmes labeurs, aux mêmes efforts, aux mêmes gloires, éprouvés par les mêmes fatigues et les mêmes misères, ils s'unissent dans les mêmes sentiments d'honneur militaire, de courage national, d'estime réciproque, dans une vaste amitié et un abandon qui effacent les préjugés de localité, confondent les cœurs, élèvent les âmes, allument et étendent la véritable confraternité, provoquent des exaltations faciles et font de notre soldat le premier soldat du monde, le plus dévoué à son drapeau et n'attendant que l'occasion des grandes choses ! »

Sa force de résistance aux fatigues, aux privations le relève à ses propres yeux ; il en est fier ; son abnégation est acquise et perd le caractère passif pour se relier de plus en plus à l'idée d'un devoir de premier ordre envers la commune patrie et forme sous le nom d'obéissance consentie le faisceau des vertus militaires. Le soldat sent d'instinct ou apprend que la patrie n'est pas seulement une *terre* ayant telle limite, mais une *histoire*, mais la solidarité d'hommes nombreux, anciens et nouveaux, ayant une même mission, une ligne marquée à suivre dans ce monde, un patrimoine d'institutions, de lois, de mœurs, de coutumes et de gloire.

[On entend souvent dire que certaines maladies virulentes sont plus communes dans l'armée, que dans la population civile, et que beaucoup de soldats rentrent dans leurs foyers avec des stigmates qui s'opposent à leur mariage ou rendent les mariages improductifs ; cette assertion est plus qu'exagérée, car ce n'est qu'une exception qui se retrouve au même titre et en même nombre chez les jeunes gens de toutes les classes des grandes villes. Seulement les maladies des soldats sont constatées et la statistique des hôpitaux militaires en trahit le nombre, tandis que les maladies, dites avec raison secrètes, des jeunes gens des villes, restent ignorées et l'on ne peut en apprécier la proportion, que par l'indiscrétion des milliers d'affiches qui couvrent les murs des grandes cités et font ainsi découvrir la multiplicité des victimes.

L'armée a ses dangers, sans doute, ses tentations, surtout dans les pays où la répression de la débauche n'est pas réglementée, mais il ne faut pas exagérer les situations. La jeunesse aussi ardente qu'imprudente, qu'elle porte l'habit militaire ou l'habit civil sous toutes ses formes, se laisse prendre aux piéges des passions ; la seule différence se trouve dans les soins que reçoit immédiatement et forcément le soldat, qui est l'objet d'incessantes visites des médecins des régiments, et dans ceux que la honte rend souvent tardifs chez les jeunes gens, restés dans leur famille.

Est-ce à l'adresse de l'armée qu'on a dit :

« Le pauvre, en sa cabane où le chaume le couvre,
« Est soumis à ses lois,
« Et la garde qui veille aux barrières du Louvre..... »

Soyons plus justes et plus vrais; il est trop facile de tomber dans l'exagération, quand on ne voit qu'un des points de la question. La statistique est brutale par ses chiffres, mais les déductions qu'on en tire, pour être vraies, doivent être exemptes de passion et d'idées préconçues. Le fait est que, si le soldat, après un premier congé, rapporte parfois quelques vices au foyer, c'est qu'il les avait apportés en germes au régiment; l'état militaire ne pervertit pas les bonnes natures, et il peut modifier les mauvaises (1). Dans tous les cas, fortifié par les dures épreuves de la vie du soldat, il rentre dans la vie civile avec ce développement d'intelligence que l'ouvrier libre recherche en faisant laborieusement son tour de France; et les sommiers judiciaires sont là pour donner la proportion des délits attribuables aux anciens soldats comme à ceux qui n'ont pas servi!

Le vrai soldat conserve une certaine susceptibilité qui au besoin le protége.]

« Mutilé, glorieux, il éveille autour de lui la tendre et respectueuse pitié et l'admiration; raconteur original, parfois exagéré, quelquefois émouvant, il est fier de la croix qu'il a bien gagnée; son existence lui est assurée par l'État et par la générosité de l'Empereur... il est rentier; il propage l'esprit d'ordre et de discipline, de dévouement au pays, entretient les instincts militaires, inspire l'amour du souverain, et, loin de faire naître des craintes, il fait envie aux générations qui suivent, comme à ses compagnons d'enfance restés au pays, et, dans son village, il reste soldat, bon compagnon, dur à lui-même, compatissant aux autres et Français jusqu'à sa dernière heure. » (*Nos armées en campagne.*)

Ces considérations sont bien de nature à faire comprendre l'importance économique et morale d'un bon choix du soldat, et, pour convaincre mes lecteurs, je dois présenter les preuves officielles à l'appui de mes convictions.

Parmi les pièces justificatives (tableaux et notes) qui vont suivre, les unes comprennent une période de plus de trente années, les autres, des périodes plus courtes, non pas suivant mon caprice, mais parce que des décisions ministérielles successives ont élargi le cadre des documents officiels et que j'ai pu, pour quelques années seulement, tirer parti des nouveaux éléments produits, et enfin aussi parce que les

---

(1) Je ne parle ici que des premiers congés; le vieux soldat prend trop souvent des habitudes d'ivrognerie et se place trop souvent aussi dans une fâcheuse exception.

moyennes de quatre ou cinq années suffisent pour éclairer largement certaines questions et permettre, à l'aide d'un calcul mental, une vérification facile et immédiate de nos résultats chiffrés.

Depuis 1830 jusqu'en 1865, les contingents ont été 23 fois de 80,000 hommes, 9 fois de 100,000 hommes et 4 fois de 140,000 hommes. Nous prendrons pour point de départ des observations qui vont suivre les contingents des classes depuis 1830 jusqu'à 1865; les différences numériques de diverses sortes et proportionnelles à la force des contingents sont exprimées dans le *Tableau général du recrutement depuis* 1830 (Tableau n° 1, pages 52 et 53).

Pour former le contingent pendant les dix années de 1853 à 1862, et en prenant les *moyennes*, il a fallu examiner 214,000 jeunes gens sur 310,000 inscrits sur les listes de tirage au sort; le choix ne porte donc que sur les deux premiers tiers des inscrits. Le contingent formé (les déductions légales vont le diminuer de près d'un cinquième), 96,000 hommes ne sont pas atteints, 114,000 sont exemptés :

59,040 pour infirmités ou maladies;
14,242 pour défaut de taille;
40,350 pour les cas prévus par la loi.
114,232

Mais ces moyennes ne sont pas complètement exactes, puisque, pendant ces dix années, les contingents ont été 4 fois de 140 et 6 fois de 100,000 hommes, comme l'indique le tableau suivant :

Contingents mixtes de 100 et de 140,000 hommes.

CLASSES DE 1853 A 1862.

CLASSES.	NOMBRE des jeunes gens inscrits.	NOMBRE des jeunes gens appelés.	EXEMPTÉS pour infirmités ou maladies.	pour défaut de taille.	pour les cas prévus par la loi.
1853	301,295	140,000	62,376	45,329	39,780
1854	306,062	140,000	61,564	47,934	42,457
1855	317,835	140,000	65,447	48,466	46,275
1856	310,289	100,000	60,873	43,332	37,721
1857	294,761	100,000	58,514	43,393	38,406
1858	305,339	140,000	63,829	46,491	40,916
1859	306,314	100,000	55,481	42,478	38,582
1860	312,204	100,000	54,477	42,148	37,930
1861	324,455	100,000	56,524	44,740	36,738
1862	323,070	100,000	56,885	44,428	35,081
Moyennes	309,921	116,000	59,040	44,242	40,350
Moyenne générale des exemptés				114,232	
Moyenne générale des examinés				214,232	

Il faut cependant retrancher de ce chiffre 214,000 examinés, environ 1,000 hommes en moyenne générale, prévenus d'insoumission ou non fournis par les cantons par suite d'épuisement des listes. La proportion de ces deux catégories augmente très-considérablement quand les appels sont de 140,000 hommes et se font dans un court délai : ainsi, le nombre des insoumis se décuple et celui des hommes que les cantons n'ont pu fournir (1) n'est pas loin de présenter les mêmes conditions, comme on peut le voir par les chiffres qui suivent et qui donnent une moyenne de 1,885 hommes. Cette moyenne, que nous n'évaluons qu'à 1,000, s'abaisse en effet par l'arrestation ou le retour volontaire d'un certain nombre de prévenus d'insoumission.

CLASSES.	APPELÉS.	PRÉVENUS d'insoumission.	NON FOURNIS par épuisement des listes.
1853	140,000	1,366	2,035
1854	140,000	2,012	2,324
1855	140,000	1,750	2,441
1856	100,000	163	280
1857	100,000	45	445
1858	140,000	1,340	3,102
1859	100,000	171	215
1860	100,000	270	471
1861	100,000	300	426
1862	100,000	247	433
		Moyenne : 764	Moyenne : 1,124
		Moyenne générale : 1,885	

Pour faciliter la comparaison des contingents de 80,000, de 100,000 et de 140,000 hommes, sous le rapport des divers résultats, tout en négligeant les détails peu importants, nous avons établi les tableaux de la page suivante :

---

(1) *Levées militaires faites en France du 24 juin 1791 jusqu'à la fin de 1813.*

Levée du 24 juin 1791	150,000	*Report.*	9,999,999
Levée de septembre 1792	100,000	— du 7 avril 1807	80,000
Levée du 24 février 1793	300,000	— du 21 janvier 1808	80,000
Levée du 16 avril 1793	30,000	— du 10 septembre 1808	80,000
Réquisition du 16 août 1793	1,050,000	— du 12 septembre 1808	80,000
Conscription du 3 vendémiaire an VII	190,000	— du 1er janvier 1809	80,000
— du 28 germinal an VII	150,000	— du 25 avril 1809	40,000
— du 24 messidor an VII	110,000	— du 5 octobre 1809	36,000
— du 28 floréal an X	120,000	— de décembre 1809	160,000
— du 5 floréal an XI	120,000	— du 1er septembre 1812	120,000
— du 5 floréal an XII	60,000	— du 11 janvier 1813	350,000
— du 8 nivôse an XIII	60,000	— du 3 avril 1813	180,000
— du 27 nivôse an XIII	60,000	— du 24 août 1813	30,000
— du 2 vendémiaire an XIV	80,000	— du 9 octobre 1813	280,000
— du 15 décembre 1806	80,000	— du 15 novembre 1813	300,000
A reporter.	9,999,999		4,550,000

D'après M. Germain Sarrut, cité par M. Boudin, médecin principal d'armée.

CONTINGENTS DE 80,000 HOMMES. — CLASSES DE 1831 À 1840.

CLASSES.	NOMBRE DE JEUNES GENS inscrits.	appelés.	examinés.	EXEMPTÉS pour infirmités ou maladies.	pour défaut de taille.	pour les cas prévus par la loi.
1831	294,978	80,000	171,544	47,531	48,038	27,862
1832	277,477	80,000	166,305	43,908	44,302	27,840
1833	285,808	80,000	172,307	48,475	45,078	28,863
1834	316,208	80,000	171,774	48,316	44,466	28,850
1835	309,376	80,000	173,763	50,009	44,440	29,872
1836	309,546	80,000	170,317	53,788	44,843	30,531
1837	294,621	80,000	178,613	54,800	44,139	29,074
1838	287,311	80,000	174,607	54,839	43,244	29,310
1839	314,521	80,000	180,108	57,587	42,928	29,389
1840	300,717	80,000	170,778	54,066	43,805	28,556
Moyennes. . . .	300,402	—	174,580	50,878	44,319	29,074

Moyenne générale des exemptés. 91,271
Moyenne générale des examinés 174,526

CONTINGENTS DE 100,000 HOMMES. — CLASSES DE 1859 À 1863.

CLASSES.	inscrits.	appelés.	examinés.	pour infirmités ou maladies.	pour défaut de taille.	pour les cas prévus par la loi.
1859	300,314	100,000	206,468	53,681	42,478	38,582
1860	312,204	100,000	204,246	54,177	42,148	37,930
1861	321,455	100,000	203,093	50,524	44,740	36,758
1862	323,070	100,000	204,017	56,285	41,428	35,084
1863	325,127	100,000	204,870	57,650	44,421	35,747
Moyennes. . . .	317,628	—	204,878	55,145	44,778	36,038

Moyenne générale des exemptés 104,961
Moyenne générale des examinés 204,878

CONTINGENTS DE 140,000 HOMMES. — CLASSES DE 1853, 1854, 1855 et 1858.

CLASSES.	inscrits.	appelés.	examinés.	pour infirmités ou maladies.	pour défaut de taille.	pour les cas prévus par la loi.
1853	304,296	140,000	253,249	62,376	45,329	39,780
1854	306,662	140,000	261,421	62,504	47,954	42,457
1855	317,853	140,600	268,039	63,417	48,466	46,275
1858	303,339	140,000	267,333	63,829	46,401	49,916
Moyennes. . . .	307,788	—	262,933	63,047	47,037	44,607

Moyenne générale des exemptés 125,244
Moyenne générale des examinés. 262,935

Malgré la précision de ces chiffres, les moyennes obtenues pour les classes des quatre années de 1853 à 1855 et 1858, ne seraient plus les mêmes aujourd'hui, puisque le nombre des inscrits s'est élevé assez sensiblement de 1860 à 1864, pour présenter une moyenne d'inscrits de 320,683 au lieu de 307,788. Cette augmentation s'explique pour plus de moitié par l'annexion des trois départements des Alpes-Maritimes, de la Savoie et de la Haute-Savoie ; mais elles resteraient exactes, si le nombre des inscrits subissait une diminution, comme cela paraît probable pour la classe de 1866, née à une époque de disette (1846).

Aussi, pour plus d'exactitude, il faut prendre la moyenne des inscrits sur les listes de 1860 à 1864, et si les conseils de révision, sans se préoccuper du nombre des appelés, n'admettent pas plus de non-valeurs que pour un contingent de 100,000 hommes, qui en comprend déjà beaucoup trop, comme nous l'avons démontré, on obtient les données proportionnelles suivantes pour les contingents gradués indiqués ci-dessous :

CONTINGENTS de	NOMBRE DES JEUNES GENS					
	INSCRITS.	EXAMINÉS.	EXEMPTÉS POUR			LIBÉRÉS par leur numéro.
			infirmités.	défaut de taille.	les cas prévus par la loi.	
100,000 hommes. . . .	320,683	204,876	56,445	11,778	36,938	115,805
110,000 —	320,683	225,365	61,739	12,955	40,631	95,318
120,000 —	320,683	245,852	67,373	14,132	44,324	74,831
130,000 —	320,683	266,339	72,987	15,309	48,017	54,344
140,000 —	320,683	286,826	78,604	16,486	51,740	33,857
150,000 —	320,683	307,343	84,215	17,663	55,403	13,370

Ces chiffres proportionnels ne sont pas d'accord, comme on le voit, avec les moyennes exprimées précédemment au tableau des contingents de 140,000 hommes, page 19, parce qu'ils résultent de la progression qui devrait être inévitable du nombre des examinés et des exemptés suivant la progression du chiffre des appelés.

Ainsi nous trouvons que pour un contingent de 140,000 hommes sur 320,683 inscrits, il faut arriver à

	EXEMPTÉS POUR		
	Infirmités.	Défaut de taille.	Les cas prévus par la loi.
286,826 examinés. . .	78,601	16,486	51,710

tandis que la moyenne des contingents des classes de 1853, 1854, 1855 et 1858 donne les résultats suivants :

	EXEMPTÉS POUR		
	Infirmités.	Défaut de taille.	Les cas prévus par la loi.
262,935 examinés. . .	63,547	17,057	44,607

Ces différences s'expliquent : plus le contingent est élevé proportionnellement au nombre des inscrits, plus les conseils se montrent disposés à accepter des hommes qu'ils n'auraient pas admis si le contingent plus restreint leur eût laissé l'espoir de conserver au foyer un plus grand nombre d'hommes libérés par leurs numéros de tirage.

Il est donc évident que, si pour former un contingent de 100,000 hommes avec 320,083 inscrits, il faut examiner en moyenne 204,878 jeunes gens, sur lesquels

56,145 sont exemptés pour infirmités,
11,778 — — pour défaut de taille,
36,938 — — pour les cas prévus par la loi,

il y aura 115,805 jeunes gens libérés par leurs numéros de tirage.

Il est évident encore que toute la série des inscrits présentant les mêmes proportions d'aptitude et d'inaptitude au service, et les mêmes proportions d'exemptions prévues par la loi, il suffirait d'augmenter ces divers chiffres d'un dixième pour chaque fraction de 10,000 hommes, demandés en plus, si les conseils de révision appréciaient de la même manière l'aptitude et l'inaptitude des appelés quelle que soit la force du contingent demandé.

Mais il n'en est pas ainsi, puisque, suivant la proportion et la progression indiquées au tableau qui précède, page 20, il faudrait, pour un contingent de 140,000 hommes, examiner 286,826 jeunes gens, tandis qu'en réalité, pour les quatre contingents de 140,000 hommes des classes de 1853, 1854, 1855 et 1858, avec une moyenne inférieure de 307,788 inscrits (page 19), le choix n'a porté que sur 262,935 jeunes gens. Les conseils ont donc admis, pour ne pas épuiser les listes, 23,891 hommes qui n'auraient pas dû être envoyés sous les drapeaux. Les conseils de révision apprécient donc différemment l'aptitude au service militaire suivant que le chiffre du contingent est plus ou moins élevé.

Nous avons signalé les fâcheux résultats de cette manière de procéder, qui ne sert ni les intérêts du pays, ni ceux de l'armée, ni ceux des contribuables.

Ces chiffres subiraient aussi quelque modification si le minimum de la taille était fixé à 1 mètre 54 au lieu de 1 mètre 56 ; le contingent pourrait trouver en effet 7 à 8,000 hommes de plus à mettre dans les rangs et ce ne seraient pas les moins résistants. A cette mesure, possible peut-être aujourd'hui par suite d'une modification dans l'armement, on oppose la difficulté de former les corps spéciaux et la cavalerie. Est-il plus avantageux d'avoir, dans ce cas, des hommes de grande taille, mais dont les forces physiques laissent souvent si fort à désirer? Nous ne le croyons pas ; beaucoup de ces hommes n'ont que la taille, mais pas de vigueur ; ce sont souvent des colosses aux pieds d'argile, à poitrine étroite, sans vivacité et sans énergie.

A ce sujet nous avons souvent entendu dire que la taille tendait à baisser en France ; nous croyons que la taille, dépendant surtout des diverses races distribuées sur le sol français, ne présente aucune modification importante, qu'elle reste et doit rester à peu près la même, et nous le prouvons par le tableau n° 4, pages 64 et 65, qui comprend les années 1848 à 1864. Il est d'ailleurs facile de reconnaître qu'il suffit de quelques tailles exceptionnelles en plus ou en moins pour faire varier la moyenne de quelques millimètres.

On suppose aussi (*compte rendu du recrutement*) que le nombre des infirmités diminue ; c'est une erreur qui tient à ce que les conseils de révision n'ont pas examiné le nombre proportionnel de jeunes gens nécessaire pour faire un bon choix et que les 23,891 hommes admis à chacun des contingents de 140,000 hommes (page 19) devraient en grande partie figurer parmi les faiblesses de constitution par suite d'admissions trop faciles, et, qu'étant restés au-dessous des numéros à atteindre proportionnellement, les conseils n'ont pas rencontré les infirmités qui se trouvaient selon toutes les lois de probabilité, parmi les jeunes gens porteurs des numéros qu'il aurait fallu inexorablement atteindre : le sort désignant tous les numéros, il est incontestable, en effet, que du premier au dernier il se trouve une même proportion d'aptitudes ou d'inaptitudes. (Tableau n° 5, pages 66, 67, 68, 69.)

Il y a encore la question des déductions qui ne manque pas d'importance ; un appel de 100,000 hommes, comme contingent, ne donne en réalité qu'un peu plus de 80,000 hommes en moyenne, car sur 100,000 hommes appelés, il faut déduire :

1° 11,048 hommes (moyenne prise sur cinq classes de 1859 à 1863) qui, en vertu de l'art. 14 de la loi du 21 mars 1832, se trouvent dans les positions suivantes :

Engagés volontaires ;
Inscrits maritimes ;
Charpentiers de navire ;
Voiliers et calfats immatriculés ;
Élèves de l'École polytechnique ;
Membres de l'instruction publique ;
Élèves de l'École normale ;
Élèves des grands séminaires ;
Élèves des autres cultes salariés par l'État ;
Grands prix de l'Institut ;
Grands prix de l'Université.

2° Les jeunes gens admis par les conseils de révision avant d'être mis en route passent au chef-lieu du département une revue de départ devant une commission spéciale. Le nombre des réformes décidées par ces commissions est de 1,503 sur une moyenne prise sur les mêmes annuités de 1859 à 1863. Ce chiffre n'est pas extraordinaire, si l'on considère que la classe n'est quelquefois appelée que six mois après la clôture des opérations des conseils de révision et que, 3,000 jeunes gens environ qui ne se sont pas présentés devant ces conseils ont été déclarés absents bons et compris dans le contingent sans avoir été examinés et que quelques-uns d'entre eux ont des infirmités qui les rendent impropres au service.

3° On prélève aussi sur les contingents 2 hommes sur 100, comme soutiens de famille, et ces hommes sont maintenus dans leurs foyers. Le nombre des soutiens de famille donne sur 5 classes, de 1859 à 1863, une moyenne de 1,605 par an.

4° Des hommes sont rayés du contingent, soit pour cause de décès depuis la clôture des opérations des conseils jusqu'à la revue de départ, soit pour condamnations entraînant l'exclusion des rangs de l'armée.

5° Enfin, il en est d'autres qui sont laissés dans leurs foyers en vertu de titres spéciaux, comme ayant été compris dans le contingent par erreur ou par suite d'une fausse interprétation de la loi. Le nombre des hommes de ces catégories, paragraphes 4 et 5, calculé sur les classes de 1859 à 1863, s'élève en moyenne à 1159.

Le tableau ci-dessous est établi d'après ce qui précède comme moyenne des déductions des classes de 1859 à 1863.

Déduits du contingent (art. 14 de la loi)	11,048
Rayés du contingent par suite de décès, condamnation, ou laissés dans leurs foyers en vertu de titres spéciaux	1,159
Réformés par les commissions à la revue de départ	1,503
Maintenus dans leurs foyers comme soutiens de famille	1,605
Non fournis par suite d'épuisement des listes	174
Insoumis	265
Reconnus s'être rendus impropres au service par mutilation et envoyés aux compagnies de discipline	24
	15,778

On dit aussi que la population de notre pays tend à diminuer; cela est vrai, mais pour deux années seulement, depuis le commencement du siècle ; néanmoins, il est certain qu'elle ne suit pas la progression qu'elle devrait suivre; ainsi, en 1801, la population de la France était de 27,349,902 individus ; en 1806, elle était de 29,107,425, et en 1821 les mêmes statistiques officielles trouvent 30,461,875 individus; enfin, d'après le dernier recensement en 1861, elle donne 37,382,225 individus et présente ainsi une différence en plus de 6,920,350 individus. (Tableau n° 3, pages 60 et 61.)

A quoi faut-il attribuer une progression si lente, dans la population de la France, tandis que dans les pays voisins et même dans l'extrême Europe, on remarque une progression beaucoup plus rapide et continue ?

Les avis ne paraissent guère partagés; il y a unanimité pour conclure que c'est l'armée qu'il faut accuser d'un pareil état de choses. Cela est-il vrai ? Examinons la question.

Nous avons déjà parlé de la solidarité de chaque vraie science et de leur convergence mutuelle vers le bien physique et moral ; nous avons signalé l'oubli des vrais principes de l'économie sociale, et nous allons en découvrir une nouvelle preuve.

Voyons d'abord la part qui revient à l'armée dans cette accusation si formelle et cependant si exagérée. Nos travaux antérieurs ont jeté quelque lumière sur les pertes subies par l'armée en temps de guerre; nous n'avons pas atténué le chiffre de ces pertes, et nous aurions gardé le silence si nous n'avions pu dire la vérité. Nous sommes dans les mêmes idées pour parler de la mortalité en temps de paix; nos chiffres ne sauraient donc être suspectés, je les ai puisés aux sources officielles. Passons au résultat de nos recherches.

L'État demande tous les ans pour la commune défense des institutions au dedans et de l'indépendance au dehors, un contingent qui varie depuis quelques années entre cent et cent quarante mille hommes sur une population recrutable de 310 à 320,000 individus dans leur vingt et unième année, et il les maintient au service pendant environ 6 ans; ce chiffre est le vrai, en moyenne, attendu que les jeunes gens ne sont généralement appelés que pendant le 2e semestre de l'année et qu'une grande partie d'entre eux est envoyée en congé ou dans la réserve, ou même libérés par anticipation dans la dernière année ou dans le 2e semestre de la dernière année. (Voir tableau n° 6.)

Pendant sept années au maximum, ces hommes ne peuvent pas se marier et ne concourent pas à la reproduction; mais il est certain que, restés dans la vie civile, beaucoup d'entre eux ne se seraient pas mariés davantage. En effet, si l'on cherche à établir l'âge moyen des plus nombreux mariages dans toute la France, on trouve, pour les garçons, l'âge de 29 ans (par conséquent après l'âge de libération du service); et si l'on veut comparer l'âge moyen des plus nombreux mariages dans les campagnes, dans les villes et particulièrement dans le département de la Seine, on arrive aux résultats suivants (Voir tableau n° 8, page 78) :

Dans le département de la Seine.	30 ans.
Dans les villes.	29 ans.
Dans les campagnes.	28 ans.

Pendant ces sept années, l'armée, en temps de paix, perd en moyenne forte 4,000 hommes; et cette perte est, il est vrai encore, trop considérable; cependant, après avoir reconnu que la population civile de Paris seulement a perdu en 1865 par exemple, parmi les jeunes gens de 20 à 30 ans, près de 2,607 (1) individus; que cet âge, d'ailleurs critique pour tous, est aussi l'âge des passions, ne reste-t-il pas à se demander si une certaine partie des hommes qui meurent pendant leur congé, ne seraient pas aussi bien morts s'ils n'avaient pas quitté leurs foyers? Ne faut-il pas ajouter que cette mortalité dans l'armée, pourrait être certainement encore diminuée, si les hommes étaient mieux choisis et si les principes d'économie sociale et d'hygiène étaient plus largement appliqués? Ainsi, l'armée en temps de

(1) 2,176 non mariés, 407 mariés et 24 veufs.

paix subit des pertes à peine un peu au-dessus de celles de la population civile de même âge ; en temps de guerre, ces pertes sont toujours énormes, et cependant on ne les apprécie pas exactement, si on ne les compte que pendant la durée de la guerre ; c'est aussi un an et deux ans après la cessation des hostilités ou le retour en France qu'il faut encore compter les différences sur la mortalité annuelle. (Tableau n° 3, voir les décès pendant et après les années de guerre.) Nous ne saurions trop le répéter ; ce sont les hommes trop faibles pour supporter les fatigues de la guerre qui meurent en grand nombre pendant la durée des hostilités ou qui rentrent complétement épuisés et mortellement atteints.

Enfin, examinons toujours la question comme cause de dépopulation : un appel de 100,000 hommes n'en donne réellement, avons-nous dit, que 80,000 environ sous les drapeaux, et pour éviter les suppositions forcées, prenons la classe de 1864 pour exemple ; c'est la dernière comprise dans le compte rendu annuel sur le recrutement publié par ordre du ministre de la guerre.

Cette classe comptait 321,561 inscrits sur les listes du tirage, et l'appel était de 100,000 hommes ; voyons combien d'entre eux devaient de par la loi rester, pendant sept ans, célibataires, combien étaient libres de se marier immédiatement.

Ne pouvant pas se marier :

Hommes entrants sous les drapeaux après retranchement des jeunes soldats déduits en vertu de la loi.	85,577

Pouvant se marier :

Libérés par leurs numéros.	122,645
Membres de l'instruction publique.	1,083
Élèves de l'École polytechnique..	57
Grands prix de l'université.	2
Soutiens de famille.	2,042
Fils ou petits-fils de veuves.	13,224
Fils ou petits-fils de septuagénaires ou d'aveugles.	807
Puînés de frères aveugles ou impotents.	74
Aînés d'orphelins.	1,953
Aînés de deux frères appartenant au même tirage.	65
Frères de militaires sous les drapeaux.	15,110
Frères de militaires morts sous les drapeaux ou retraités par suite de blessures, etc..	2,033
Frères de militaires accomplissant un premier rengagement.	1,096
Inscrits maritimes..	2,225
Exemptés pour défaut de taille..	10,609
	173,025

A ces jeunes gens pouvant se marier, il faut ajouter encore une partie des exemptés pour infirmités accidentelles, telles que :

Perte d'un œil ou de son usage, taie, etc.	1,490
Myopie et strabisme.	1,014
Perte de dents.	2,308
Hernies.	3,067
Varicocèles.	1,001
Mutilations de doigts.	1,486
Varices.	2,247
Pieds plats.	787
Lésions accidentelles du membre supérieur ou inférieur.	500
Cicatrices, suite de brûlure ou de blessure.	3,000
Infirmités accidentelles diverses qui donnent lieu à l'exemption, mais qui n'ont pas altéré la constitution.	2,000
	20,000

Il y a donc en réalité sur ce contingent :

85,577	jeunes gens	qui ne peuvent se marier immédiatement.
180,000	—	qui peuvent se marier immédiatement.
46,000	—	environ, qui feraient bien de ne pas se marier.
311,577		

On voit par ces chiffres qui devraient représenter le nombre des inscrits 321,561, que je laisse de côté les élèves des grands séminaires et que je fais la part des infirmités s'opposant au mariage, et que peuvent présenter une partie des jeunes gens libérés par leurs numéros.

La présence sous les drapeaux ralentit donc évidemment le développement de la population, mais dans une proportion limitée et peu comparable à celle qui résulte de l'oubli des soins qu'on doit à l'enfance, de l'indifférence coupable qui laisse mourir inhumainement les deux cinquièmes des enfants nés viables. Voilà la vraie cause, la cause permanente, la plaie sociale qui arrête l'accroissement de la population et *enlève* en réalité, chaque année, plus de deux fois autant d'hommes que le pays n'en *prête* tous les ans à l'État pour constituer l'armée, hommes qui, en définitive, lui sont rendus avec un faible déchet en temps de paix, ou un déchet variable, et certainement beaucoup plus considérable, en temps de guerre.

Mais avant d'aborder la question capitale, disons un mot des grands centres industriels, des grands ateliers où l'on emploie les enfants des deux sexes : Pendant les séances du conseil de révision du département de la Seine, nous avons été à même de faire de nombreuses observations et de recevoir des maires de certains arrondissements de tristes confidences. Nous ne parlerons pas de l'exagération du travail par rapport aux forces, ni du nombre des heures de travail, nous ne nous arrêterons qu'à l'immoralité constatée et non réprimée chez des enfants, garçons et filles, de dix à douze ans à peine. Ces enfants non surveillés, abandonnés à eux-mêmes aux heures de repos et de sortie, subissant le mauvais exemple des ouvriers, parfois le mauvais exemple des parents, plus fatal encore, se livrent aux désordres les plus déplorables, s'épuisent solitairement ou dans le libertinage le plus précoce, le plus révoltant, le plus incroyable, à l'âge du développement, restent faibles, et préparent ainsi, l'infécondité du mariage devenu le plus souvent impossible, et plus tard indifférents pour les chétifs enfants que de pareilles mères auront le malheur d'avoir, ils les délaisseront à l'assistance publique.

Revenons maintenant à une situation plus grave encore :

Il naît annuellement en moyenne en France 500,000 garçons et 470,000 filles. Après 20 ans, la liste des inscrits pour le tirage au sort et la formation du contingent nous donne le chiffre exact des survivants pour les garçons du moins, et il est facile de constater l'incroyable énormité des pertes qui s'élèvent en moyenne à près de 40 pour 100 pour tous les jeunes gens nés depuis 1817 jusqu'en 1843.

La différence de la mortalité qui pèse sur les enfants légitimes et les enfants naturels est de nature à surprendre bien davantage encore. Nous pouvons établir cette distinction, mais seulement depuis 1832, pour les naissances qui ont fourni aux classes appelées depuis 1853 jusqu'en 1865 et pour les décès constatés pendant ces treize dernières années (V. le tableau n° 2, p. 56 et 57). Nous trouvons qu'en France, les enfants légitimes subissent une perte de plus de 35 pour 100, tandis que la perte sur les enfants naturels s'élève au chiffre effrayant de plus de 74 pour 100.

On dit avec plus ou moins de raison, que la plupart des enfants naturels, fruits de la débauche, arrivent au monde le plus souvent dans des conditions qui diminuent beaucoup pour eux les chances de la vie; cela n'est vrai qu'en partie : ces enfants nés solides et souvent très-bien portants, ne périssent que par l'absence des soins, par le refroidissement qu'ils éprouvent pendant le trajet du lieu de la naissance à l'hospice, où l'accumulation d'un grand nombre de ces enfants est une nouvelle cause de mort.

M. Bouchardat en parlant de l'hospice des enfants trouvés ou d'allaitement, dit que la mortalité des nouveau-nés est en moyenne de 1 sur 3 3/4, pendant leur séjour à l'hospice, séjour dont la durée moyenne est de 10 jours en attendant leur mise en nourrice; tandis que les décès sur les enfants naturels conservés par leurs mères, secourues par l'administration, sont en moyenne de 1 sur 14, non plus dans les premiers dix jours, mais bien dans le premier trimestre. Aussi notre honorable confrère en citant la facilité tant vantée des admissions à l'hospice, dit avec raison que cette facilité est une barbare philanthropie et conclut à ce que les mères devraient être engagées à conserver leurs enfants et qu'il serait plus utile, plus humain, de leur accorder dans ce cas, des secours suffisants, et plus charitable de leur faire comprendre qu'en remplissant leurs devoirs de mères, elles commenceraient à réparer leur faute.

Cette mortalité extraordinaire, quoique constatée et habituelle, ne peut être la mortalité normale, et cependant, s'il faut ajouter foi, comme on ne peut guère en douter, aux observations produites tout récemment à l'Académie de médecine, on ne connaît pas encore l'étendue et la profondeur du mal. (Pièces justificatives, n° 8 et tableaux n° 2 et 3).

Cette mortalité de 200,000 jeunes garçons et d'un nombre proportionnel de jeunes filles, réduite à ce qu'elle pourrait avoir de normal, c'est-à-dire à 10 au plus pour 100, proportion déjà bien élevée, laisserait chaque année la probabilité de 150,000 ménages en plus, qui donneraient chacun en moyenne minime deux enfants, et constitueraient ainsi : 1° pour la population, une augmentation annuelle et progressive de 600,000 âmes ; 2° pour l'armée, la possibilité d'un choix meilleur de soldats ; 3° pour le pays, un nombre suffisant de bras pour l'agriculture et l'industrie.

Tel est le grand problème à résoudre par l'application des vrais principes de l'économie sociale, à une époque où notre civilisation est si avancée.

M. le docteur J. Guérin, à propos de la mortalité des enfants en nourrice, parle avec raison de l'atteinte portée à la santé de ceux qui survivent et l'attribue au mauvais régime, à la mauvaise alimentation, à l'absence de soins, de surveillance et il trouve là une des causes de la décadence de la race et du grand nombre de cas d'exemption du service militaire pour faiblesse de constitution et infirmités. L'absence de soins maternels, de sollicitude maternelle, entraîne en effet, de très-nombreux accidents, qui pèsent sur toute l'existence, quand ils ne la brisent pas. Sans parler de la malpropreté dans laquelle on laisse trop souvent croupir les nourrissons, que de brûlures, de déviations des membres, de fractures, d'affections intestinales, etc, etc. Ne cite-t-on même pas chaque année des morts affreuses : des enfants mangés au berceau par des cochons, étouffés par des chiens ou des chats ! N'est-ce pas décrire assez les lieux dans lesquels ces malheureux nourrissons sont trop souvent abandonnés !

A la demande de M. Duruy, ministre de l'instruction publique, qu'aucune difficulté n'arrête quand il s'agit d'une réforme utile, l'Académie de médecine vient de consacrer plusieurs séances à l'examen de cette question qui, depuis longtemps déjà, avait ému le corps médical et donné à plusieurs de ses membres l'occasion de dévoiler les vérités les plus affreuses sur une situation qui est le véritable obstacle à l'accroissement de la population. La question de la mortalité des enfants, comme l'a dit fort bien M. Husson, directeur de l'assistance publique, est non-seulement une question d'humanité, mais encore une véritable question d'État.

Quand nous aurons reproduit quelques passages de la discussion sur l'effrayante mortalité des enfants à leur premier âge et donné les preuves (voir pièces justificatives n° 5), on ne pourra se défendre d'une profonde indignation et se demander avec un de nos savants confrères si tout cela est bien vrai, et si nous ne sommes pas sous le coup d'un affreux cauchemar. Comment croire, en effet, que dans quelques départements de la France, où l'allaitement mercenaire est une industrie, il meurt de 58 à 90 pour 100 des enfants confiés à des nourrices? Comment croire que l'administration civile se pense désarmée devant ce système de dépopulation organisée?

Dans la séance du 23 octobre 1866, à l'Académie de médecine, M. Husson, après avoir constaté que la population, cette première richesse des pays civilisés, cette première force des nations puissantes, augmente peu en France ou y reste à peu près stationnaire, s'exprime ainsi : « Je mets sous les yeux de l'Académie ces chiffres désolants que je puise dans l'enquête ordonnée par le Gouvernement et dont le rapport a été publié en 1862 par le ministère de l'intérieur; ils sont applicables à l'année 1860, et font connaître la mortalité parmi les enfants assistés de 1 jour à 1 an (1).

Loire-Inférieure. .	90,50 p. 100.	Seine-et-Oise . . .	69,23 p. 100.
Seine-Inférieure. .	87,36 —	Côte-d'Or.	66,46 —
Eure.	78,12 —	Indre-et-Loire. . .	62,16 —
Calvados	78,00 —	Manche.	58,66 —
Aube.	70,27 —		

Dans la séance du 27 novembre de la même année, M. Boudet, considérant cette question comme la plus grave qui ait jamais été soumise aux délibérations de l'Académie, trouve d'éloquentes paroles pour présenter le tableau d'une si déplorable situation. « L'honorable directeur de l'assistance publique, dit-il, est venu, l'inexorable statistique à la main, confirmer et assombrir encore la vérité du tableau que j'avais tracé à grands traits devant vous, dans une précédente séance; il a montré l'intérêt de l'État non moins compromis que celui de l'humanité, et l'autorité de son témoignage ne laisse aucun doute sur l'effroyable réalité des faits.

M. Devilliers, dans le remarquable travail qu'il a communiqué à l'Académie, examinant la mortalité des nourrissons lyonnais, constate que pour les enfants des ouvriers tisseurs, elle est de 35 pour 100; que pour les enfants des familles aisées elle descend à 10 pour 100, et que pour ceux des cultivateurs, elle se réduit à 5 pour 100 dans la première année.

« Ainsi, dans une partie du département du Rhône, dit encore M. Boudet, la

(1) La mortalité des nourrissons, dans l'arrondissement de Nogent-le-Rotrou (Eure-et-Loir), surpasse de beaucoup la mortalité que déterminent chez les enfants les épidémies les plus meurtrières. Dr Brochard.

mortalité des nourrissons de 0 *jour à* 1 *an* est de 10 pour 100, pour les familles aisées, de 5 pour 100 pour les familles des cultivateurs, et ces chiffres ne sont pas sans doute l'expression du tribut inévitable que les jeunes enfants doivent à la mort. Qu'ils sont loin cependant de cette mortalité de 18 pour 100 qui est la moyenne pour la France entière; moyenne évidemment atténuée par la survivance manifeste des jeunes enfants allaités par leurs mères.

Gardons-nous d'accepter ce mot de mortalité *normale*, qui a été appliqué à cette mortalité moyenne de 18 pour 100 pour les enfants de 0 *jour à* 1 *an*. Cette prétendue mortalité normale est une immense violation des lois de la nature. S'il y a quelque part en France une mortalité normale, c'est celle des enfants des cultivateurs du département du Rhône; eh bien! que l'on compare ce chiffre de 5 pour 100 à celui de 18 pour 100 qui représente la mortalité moyenne dans toute la France, à ceux :

De 80 pour 100 des départements de l'ancienne Normandie,
De 75 pour 100 des 20,000 nourrissons de Paris,
De 90 pour 100 du département de la Loire-Inférieure,

et l'on pourra se faire une idée réelle de cette mortalité monstrueuse qui anéantit au berceau une grande partie de la population de la France; et si nous admettons ce chiffre de 5 pour 100 comme l'expression de la mortalité inévitable, de la mortalité réellement normale des enfants de 0 jour à 1 an, n'est-il pas évident qu'au mépris des lois de la nature, la mort prélève chaque année, dans toute la France, sur les enfants nouveau-nés, un excédant extraordinaire, anormal de 13 pour 100?

Sur 922,704 naissances (1), la mortalité devrait être de 46,135, tandis qu'elle est de 166,811, et ainsi 120,656 enfants sont victimes, chaque année, des systèmes barbares qui sont mis en pratique dans notre pays pour élever les enfants du premier âge. Voilà la vérité; c'est la rougeur au front et le cœur oppressé que je la constate, mais il faut avoir le courage de la proclamer. Ne craignons pas de sonder la profondeur du mal et de le découvrir à tous les regards, c'est le meilleur moyen d'en inspirer l'horreur et d'en triompher, et cependant, c'est en France, c'est dans la seconde moitié du XIXe siècle, c'est au milieu d'un mouvement inouï de progrès, alors que les conditions de la vie s'améliorent, que le bien-être général s'augmente, que l'économie politique et l'hygiène, ces sciences toutes modernes, nous protégent contre les disettes, les épidémies et les causes les plus désastreuses de mortalité, que nous sommes réduits à un si désolant aveu; c'est au milieu des splendeurs de la science, de l'industrie et des arts; c'est en face des populations exubérantes de l'Angleterre, de l'Amérique et de la Russie, que la France semble épuisée dans sa séve et prête à s'affaisser sur elle-même. Mais gardons-nous de

(1) Garçons et filles.

nous décourager; que le spectacle de tant de misères provoque nos efforts et nous passionne pour la sainte cause de notre régénération.

Quelle serait donc cette civilisation dont nous sommes si fiers, si elle ne pouvait nous conduire qu'à la dépopulation, et si nous ne devions laisser qu'à de rares et débiles héritiers les merveilleuses conquêtes du génie national?

Le temps est venu d'une révolution régénératrice ; le mal est arrivé à ce point, que la patrie est en danger et qu'il faut le vaincre à tout prix.

Depuis cinquante ans, des voix éloquentes et autorisées se sont élevées contre ces abominables sacrifices humains, qui s'accomplissent incessamment sous nos yeux, et c'est la gloire du corps médical que ces voix généreuses soient sorties de son sein !....

Il y a des mères qui perdent la vie en la donnant à leurs enfants, il y a des mères incapables de les nourrir, il est donc indispensable qu'il y ait des nourrices ; mais, s'il faut dans certaines circonstances, confier à une femme étrangère le soin de nourrir un enfant qui n'est pas le fruit de ses entrailles, il n'en est pas moins évident que cette infraction forcée aux lois de la nature entraîne les conséquences les plus déplorables pour l'enfant que sa mère sèvre avant le temps, et pour le nourrisson qu'elle lui substitue.

Le lait de la mère a pour son nouveau-né des qualités spéciales, et il ne peut pas être suppléé sans dommage. Toute femme qui, pouvant nourrir son enfant, l'abandonne à une nourrice étrangère, manque à la mission qu'elle a reçue de la Providence, et compromet tout à la fois deux existences, celle de son propre enfant et celle de cet autre enfant, non moins digne d'intérêt, dont il prend la place au sein maternel.

Combien de jeunes femmes rougiraient de leur insouciance et se réserveraient le bonheur de nourrir, si elles connaissaient les funestes conséquences de la facilité avec laquelle elles se déchargent de leurs premiers devoirs, si elles savaient que rien ne remplace le sein maternel, que rien ne supplée l'instinct, la sollicitude, le dévouement d'une mère, et qu'elles sacrifient le plus souvent les plus douces obligations de la maternité, aussi bien que la vie de leurs enfants, à de vaines considérations et à une confiance illusoire dans l'influence de l'air de la campagne, influence précieuse sans doute, mais bien secondaire, lorsqu'on la met en balance avec les autres conditions essentielles à la vie et au développement des nourrissons.

Est-il étonnant que la population de la France augmente si lentement, et n'est-il pas à craindre que cette lente progression entre bientôt dans une période décroissante, si dans nos villes, dans une partie considérable de l'empire, les trois quarts des enfants nés viables, sont voués à une mort certaine dans la première année de leur existence, et si les autres sont plus ou moins débiles et valétudinaires par suite de l'insouciance des mères, de l'incurie et de la cupidité des nourrices mercenaires auxquelles ils sont abandonnés.

Tandis qu'on prodigue des primes d'encouragement pour l'amélioration des races de nos animaux domestiques, tandis que de bonnes âmes recueillent avec ardeur des souscriptions pour les petits Chinois, n'est-il pas déplorable de voir le triste sort réservé aux enfants du peuple le plus civilisé de l'univers, et l'aveuglement avec lequel des cœurs généreux s'intéressent à des misères lointaines, au lieu de songer à ces misères si présentes et si grandes, qu'on se refuserait à y croire si les preuves n'en étaient pas irrécusables ! » BOUDET (*Académie de médecine*).

CONCLUSIONS.

Puisqu'il y a une armée, il faut qu'elle soit forte, et, pour être forte, il faut qu'elle soit composée de bons éléments. L'intérêt du pays, l'intérêt des familles, l'intérêt de l'armée sont inséparables.

L'élévation du chiffre d'un contingent étant en rapport avec les besoins immédiats de l'État, les conseils de révision ne doivent pas se montrer, dans ce cas, plus faciles pour l'admission des jeunes gens faibles, dans le but illusoire de ménager les populations. Tous ces jeunes gens faibles succombent en temps de guerre, car ils ne peuvent résister aux épreuves du service militaire. Ils ne servent qu'à encombrer les hôpitaux, ils occasionnent d'énormes dépenses et ils sont perdus pour le pays après avoir donné de grands embarras au commandement. Pour eux, en temps de paix, la mortalité comparée à celle de tout le reste de l'armée est comme 25 est à 35 ; tandis qu'en temps de guerre, elle est comme 50 est à 10.

La présence des contingents sous les drapeaux serait évidemment une cause de ralentissement pour la population générale, s'il n'était prouvé que l'immense majorité des jeunes gens qui sont restés libres ne se marient généralement pas plus tôt que ceux qui sont à l'armée. Le nombre des garçons et des filles à marier reste proportionné, parce que le nombre des naissances des filles est inférieur d'un dix-septième environ à celui des garçons ; c'est un moyen de se rendre compte des pertes de l'armée. (Voir tableau n° 8, page 78.)

La véritable cause de la dépopulation est dans l'oubli des principes de l'économie sociale ; c'est une question des plus graves, c'est une question d'humanité en même temps qu'une question d'Etat. On la trouve aussi dans l'infécondité volontaire des mariages, mais c'est une question de morale plus difficile à aborder.

PIÈCES JUSTIFICATIVES

PIÈCE JUSTIFICATIVE N° 1.

L'effectif moyen des hommes présents pendant l'année, indiqué dans la statistique médicale de l'armée pour les années 1862, 1863, 1864 et 1865, n'est pas, comme il est facile de le voir, l'effectif total de l'armée, mais il s'en rapproche assez pour donner toute autorité aux résultats présentés. La plupart des corps qui n'y figurent pas se sont, en effet, trouvés dans des conditions particulières, telles que l'état de guerre, ou un mouvement de l'intérieur à l'extérieur et réciproquement; circonstances qui, par leur spécialité même, auraient pu faire dévier le résultat normal des calculs entrepris. (Voir cette statistique pour plus amples renseignements.)

Année 1862.

Mortalité d'après le nombre d'années de service, en France, en Algérie et en Italie (Rome).

	Effectif moyen présent.	Morts par				
		Maladie.	Proportion pour 1000.	Suicide.	Proportion pour 1000.	Accident, meurtre, exécution.
Officiers	16,086	90	»	5	»	»
Troupe ayant moins :						
d'un an de service . .	32,040	367	11,45	5	0,16	204
de 1 à 3 ans. . . .	78,320	1,048	13,38	25	0,32	
de 3 à 5 ans. . . .	92,500	861	9,30	30	0,42	
de 5 à 7 ans. . . .	49,840	369	7,40	43	0,80	
de 7 à 10 ans. . . .	42,720	213	4,99	42	0,98	
de 10 à 14 ans. . . .	28,480	163	5,72	32	1,12	
au-dessus de 14 ans. .	32,140	228	7,11	40	1,25	
	372,186	3,339	9,12	231	»	204

Total des morts. 3,774

Décès et réformes des jeunes soldats aux dépôts d'instruction.

Classes.	Effectif.	Décès.	Réforme n° 1.	Réforme n° 2.
1860	31,001 (2 mois de séjour.)	47	3	58
1861	34,271 (3 mois de séjour.)	101	2	181
Total des morts.		148		

Total général des morts sur l'effectif présent et aux dépôts d'instruction. 3,022

La cause la plus fréquente de décès pour ces jeunes soldats, est la fièvre typhoïde, 17 sur 47 pour les dépôts d'instruction, classe de 1860 ; et, 60 sur 101, classe de 1861.

Les réformes par congé n° 1 ont généralement pour causes des accidents et sont très-peu nombreuses; il y en a eu 5 sur les portions des deux classes aux dépôts d'instruction.

Les réformes par congé n° 2 sont motivées généralement pour des maladies ou infirmités anciennes et non reconnues par les conseils de révision. Les principales sont :

Classes de :	1860	1861	Classes de :	1860	1861
Phthisie.	4	18	Perte de dents.	4	7
Hernie	2	16	Maladies des yeux. . . .	5	14
Faiblesse de constitution ou mauvaise conformation.	3	22	Scrofules.	»	5
			Varices.	»	5
			Goître.	»	3
Maladies du cœur	3	13	Cicatrices vicieuses . . .	3	4

Année 1863.

Mortalité d'après le nombre d'années de service, en France, en Algérie et en Italie (Rome).

	Effectif moyen présent.	Morts par Maladie.	Proportion pour 1000.	Suicide.	Proportion pour 1000.	Accident, meurtre, exécution.
Officiers.	16,602	100	6,02	3	0,18	»
Troupe ayant moins :						
d'un an de service. . .	27,600	366	13,26	11	0,39	189
de 1 à 3 ans.	69,000	884	12,81	20	0,28	
de 3 à 5 ans.	82,800	800	9,77	29	0,35	
de 5 à 7 ans.	51,750	343	6,62	28	0,54	
de 7 à 10 ans.	48,300	297	6,14	33	0,68	
de 10 à 14 ans.	27,600	169	6,12	17	0,61	
au-dessus de 14 ans. .	37,950	207	7,82	25	0,66	
	345,602	3,205	9,10	166	0,47	180

Total des morts. 3,620

Décès et réformes des jeunes soldats aux dépôts d'instruction.

Classes.	Effectif.	Décès.	Réformes n° 1.	Réformes n° 2.
1861	32,705 (2 mois de séjour.)	50	4	103
1862	32,803 (3 mois de séjour.)	105	2	207
Total des morts		155		

Total général des morts sur l'effectif présent et aux dépôts d'instruction 3,775

La cause la plus fréquente des décès pour ces jeunes soldats est la fièvre typhoïde, 16 décès sur 50 décès, pour les dépôts d'instruction, classe de 1861 ; et, 54 décès sur 105 décès, classe de 1862.

Il y a eu 6 réformes par congé n° 1 sur les portions des deux classes aux dépôts d'instruction.

Les réformes par congé n° 2 sont au nombre de 49 pour la classe de 1861, et de 125 pour la classe de 1862.

Classes de :	1861	1862	Classes de :	1861	1862
Phthisie	6	10	Perte de dents	2	16
Hernie	23	34	Maladies des yeux	6	17
Faiblesse de constitution ou mauvaise conformation	5	21	Scrofules	2	8
			Varices	1	8
			Goitre	1	7
Maladies du cœur	3	4			

ANNÉE 1864.

Mortalité d'après le nombre d'années de service, en France, en Algérie et en Italie (Rome).

	Effectif moyen présent.	Morts par Maladie.	Proportion pour 1,000.	Suicide.	Proportion pour 1,000.	Accident, meurtre, exécution.
Officiers	16,092	189	»	7	»	168
Troupe ayant moins :						
d'un an de service . .	28,200	362	12,85	6	0,21	
de 1 à 3 ans	63,000	830	13,17	22	0,35	
de 3 à 5 ans	66,200	763	11,53	31	0,47	
de 5 à 7 ans	63,000	552	8,76	26	0,41	
de 7 à 10 ans	46,500	352	7,57	30	0,65	
de 10 à 14 ans	31,500	235	7,46	25	0,79	
au-dessus de 14 ans . .	33,200	348	10,48	34	1,02	
		3,586	10,38	181	0,52	168

Total des morts 3,935

A partir de cette année les indications de réformes et de mortalité aux dépôts d'instruction ne sont plus fournies.

Année 1865.

Mortalité d'après le nombre d'années de service en France, en Algérie et en Italie (Rome).

	Effectif moyen.	Morts par				
		Maladie.	Proportion pour 1,000.	Suicide.	Proportion pour 1,000.	Accident.
Officiers.	?	»	»	»	»	
Troupe ayant moins :						
d'un an de service. .	29,400	420	14.28	9	0,31	118
de 1 à 3 ans. . .	63,400	924	14,57	20	0,32	
de 3 à 5 ans. . .	68,200	937	13,74	27	0,40	
de 5 à 7 ans. . .	63,400	541	8,54	30	0,47	
de 7 à 10 ans. . .	36,000	385	10,70	33	0,90	
de 10 à 14 ans. . .	34,000	271	7,97	26	0,72	
Au-dessus de 14 ans.	37,200	365	9,81	31	0,83	
	332,500	3,853	11,58	176	0,53	118
Total des décès.				4,147		

PIÈCE JUSTIFICATIVE N° 2.

Chaque année, des circulaires ministérielles recommandent aux conseils de révision plus de soin et plus de scrupule dans le choix des jeunes soldats à envoyer sous les drapeaux; mais ces circulaires n'invoquant que l'intérêt du trésor et celui de l'armée et n'imposant aucune responsabilité, le nombre des jeunes gens trop faibles reste toujours à peu près le même. Autrefois, ces jeunes gens, après un certain temps de séjour dans les régiments, étaient reconnus trop faibles pour continuer à servir, et aux inspections on s'en débarrassait par un congé de renvoi.

Ainsi, pour multiplier les exemples et éloigner toute idée personnelle que l'on pourrait croire exagérée, nous citerons les chiffres du compte rendu officiel sur le recrutement. « Dans l'espace de 3 ans, les conseils de révision ont admis dans les contingents, bien qu'impropres au service, 5,700 hommes qui ayant coûté 250 fr. chacun ou à peu près, constituent une dépense *inutile* de 1,425,000 fr. » sans parler des journées d'hôpital qui augmentent encore ce chiffre. A ce sujet, écoutons le rapporteur de la commission de la Chambre des députés.

« Votre commission, pénétrée de sollicitude pour l'armée, tout en ménageant les intérêts de la population, ne saurait trop recommander aux conseils de révision une scrupuleuse attention dans l'envoi des soldats sous les drapeaux. C'est une perte pour les corps et pour le trésor, toutes les fois que des hommes impropres au service sont désignés pour partir. Ils arrivent dans les régiments pour traîner quelque temps dans les hôpitaux, y mourir ou obtenir des congés de réforme. » (*Moniteur* du 13 mars 1834.)

Consultons aussi le compte rendu du recrutement de l'armée.

« Les prescriptions de la loi relatives à la composition des conseils de révision ont été partout observées ; mais, on continue de se plaindre de la facilité avec laquelle ces conseils déclarent aptes au service, des jeunes gens et surtout des remplaçants que des infirmités auraient dû en écarter : en effet, à peine arrivés au régiment, il faut les renvoyer dans leurs foyers, après avoir fait toutes les dépenses de la route, de l'habillement, de la solde. On compte annuellement, terme moyen, 2,000 hommes par classe qui reçoivent des congés de renvoi, et qui occasionnent au trésor public une perte considérable. Un tel résultat provient en partie de ce que les intérêts militaires ne sont pas assez représentés dans les conseils de révision, pour déterminer l'aptitude physique des hommes. » (1830, p. 9.)

Frappé du peu d'effet des circulaires aux préfets et pour éviter d'aussi énormes dépenses au trésor, mais sans remédier au déchet pour l'effectif, le Ministre de la guerre décide, à la date du 3 mai 1844, que : « de nouvelles précautions seront prises relativement à la réforme des hommes qui, après avoir été admis dans les contingents annuels par les conseils de révision, seront reconnus impropres au service pour des causes antérieures. Dans chaque département, une commission spéciale composée du maréchal de camp, d'un sous-intendant, de l'officier commandant la gendarmerie et du commandant du dépôt de recrutement, assistée de deux médecins militaires, est chargée de statuer définitivement sur la position de ces hommes. Une semblable commission est aussi organisée dans chacune des divisions de l'Algérie. »

Cette disposition a-t-elle amélioré la situation ? Laissons parler les chiffres.

Les commissions spéciales ont fonctionné depuis lors ; et dans les années qui suivent, elles ont réformé :

CLASSES.	NOMBRE d'hommes réformés.	CLASSES.	NOMBRE d'hommes réformés.	CLASSES.	NOMBRE d'hommes réformés.
1843	3,132	1851	1,182	1859	1,823
1844	1,528	1852	1,236	1860	2,180
1845	1,634	1853	5,521	1861	1,921
1846	2,031	1854	1,579	1862	1,748
1847	3,170	1855	2,160	1863	1,740
1848	1,115	1856	504	1864	1,628
1849	1,789	1857	612	1865	1,291
1850	1,437	1858	1,125		

Tous ces hommes ont été réformés par les commissions spéciales à la revue de départ, c'est-à-dire avant l'incorporation, et n'ont par conséquent occasionné aucune forte dépense à l'État ; mais c'est un déchet pour le contingent.

La même instruction du 3 mai 1844 prescrit aussi de nouvelles mesures pour les hommes incorporés et impropres au service militaire. Elle établit deux sortes de congés de réforme : congés de réforme n° 1, et congés de réforme n° 2.

Les congés de réforme n° 1 sont accordés pour blessures reçues dans un service commandé ou pour infirmités contractées dans les armées de terre et de mer.

Les congés de réforme n° 2 sont accordés aux hommes incorporés ou non incorporés que les commissions spéciales reconnaissent impropres au service militaire pour des causes antérieures, soit à leur admission dans le contingent, soit à leur mise en activité. Les premiers seulement permettent aux titulaires de conférer l'exemption prévue par le paragraphe 7 de l'art. 13 de la loi du 21 mars 1832.

Quels sont les résultats de cette disposition nouvelle? Le tableau suivant les donne depuis 1844, c'est-à-dire depuis 22 ans.

Congés de réforme n° 1 et n° 2 du 1er janvier de l'année au 1er janvier de l'année suivante.

ANNÉES.	CONGÉS DE RÉFORME n° 1.	CONGÉS DE RÉFORME N° 2. Incorporés		Non incorporés		TOTAL des colonnes 1, 2, 3 et 4.	Dont jeunes SOLDATS de la classe précédente.	Dans le département de la Seine seulement.	OBSERVATIONS.
		servant pour leur compte. 1	remplaçants. 2	servant pour leur compte. 3	remplaçants. 4				
1844	»	1,432	67	1,577	36	3,132(A)	»	176	A. Ces totaux portent sur toutes les classes présentes sous les drapeaux.
1845	»	782	50	783	22	1,638	»	73	
1846	»	741	60	837	26	1,654	»	47	
1847	»	1,022	65	940	4	2,031	»	90	
1848	»	1,734	68	3,318	59	5,170	»	144	
1849	»	853	65	496	2	1,416	»	68	
1850	2,239(C)	867	57	834	11	1,769	»	59	
1851	1,832	841	62	586	8	1,437	»	48	
1852	1,782	678	48	448	8	1,182	»	37	
1853	1,591	666	54	513	6	1,236	»	34	
1854	1,495	2,387	137	2,933	60	5,521	»	210	
1855	2,042	2,143	77	643	5	2,868	1,443(B)	84	
1856	2,610	2,430	82	726	»	3,238	1,777	139	B. Ce n'est qu'à partir de cette année que la distinction des réformes pour les jeunes soldats de la classe précédente a été établie.
1857	1,869	1,284	41	531	4	1,864	529	84	
1858	1,506	1,270	26	1,239	3	2,538	581	67	
1859	2,051	2,865	110	494	»	3,469	1,000	194	
1860	2,465	1,453	27	344	1	1,825	372	106	
1861	1,674	1,392	19	865	1	2,280	723	143	C. Les renseignements ne sont précis que depuis cette époque.
1862	1,355	1,185	24	712	»	1,921	714	103	
1863	1,083	1,004	7	726	1	1,743	731	90	
1864	1,084	950	5	784	1	1,740	685	119	
1865	947	883	2	708	1	1,594	648	84	

PIÈCE JUSTIFICATIVE N° 3.

Pour donner une idée de la proportion des hommes forts, faibles ou atteints d'infirmités, admis par les conseils de révision, nous reproduirons les observations de quelques médecins-majors dans leurs rapports d'inspection.

J'aurais désiré ne pas laisser de lacune et prendre tous les régiments de toutes armes ; mais quand j'ai eu l'idée de réunir ces quelques données sur le recrutement, je n'avais plus entre les mains qu'un petit nombre des dossiers qui m'avaient été confiés, et il était difficile de demander encore une fois ceux que j'avais rendus et qui étaient rétablis dans leurs cartons. Aussi remarquera-t-on que ces notes ne comprennent que des régiments d'infanterie du 45ᵉ au 100ᵉ de ligne et, pour comparaison, le bataillon de chasseurs à pied de la garde, composé d'hommes choisis.

Ces rapports sont à peu près de même date, puisque ce sont ceux de l'inspection de 1860, et il faut remarquer que les hommes faibles étaient encore sous l'influence des fatigues de la campagne de 1859.

45ᵉ DE LIGNE. — Du 18 août 1859 au 2 juillet 1860.

Il y a eu 59 décès, presque tous dus à des affections chroniques.
Le nombre des congés de convalescence s'est élevé à 119.
6 de ces hommes sont morts dans leurs foyers ;
8 hommes proposés pour des congés sont morts pendant l'instance ;
38 hommes ont été réformés et 11 autres sont encore proposés ;
4 hommes des nouvelles recrues impropres au service sont envoyés devant la commission spéciale.

Dr Bozeront, médecin-major.

47ᵉ DE LIGNE. — Du 1ᵉʳ juillet 1859 au 1ᵉʳ juillet 1860.

Mouvement des malades.

	Aux hôpitaux.	Décès.	À l'infirmerie.	À la chambre.
Blessés	103	74	97	877
Fiévreux.	685		178	2,427
Vénériens.	18		53	»
Galeux.	1		25	»
	807	74	353	3,304

Le nombre des congés de convalescence est de 187
— — de réforme n° 1 est de. 26
— — — n° 2 est de. 25

Quand on n'exige des hommes qu'une dépense de forces n'excédant pas la mesure de la constitution et de la réparation alimentaire, nous avons toujours remarqué l'influence salutaire des divers exercices, ménagés de façon que le repos soit en rapport avec le travail. Mais il n'en est plus de même en campagne : l'alimentation est insuffisante, la santé s'altère d'abord d'une manière insensible ; les maladies viscérales se préparent lentement pour faire explosion à un moment donné et frappent un grand nombre de soldats d'invalidité prématurée.

DIDIOT, médecin-major.

52e DE LIGNE. — Du 1er juillet 1859 au 1er juillet 1860.

Le nombre des décès est de. 04
— des congés de convalescence. 205
— des congés de réforme n° 1. 29
— des congés de réforme n° 2. 22

FORCIOLI, médecin major.

59e DE LIGNE. — Du 1er juillet 1859 au 1er juillet 1860.

Mouvement des malades.

	Aux hôpitaux.	Décès.	A l'infirmerie.	A la chambre.	Nombre de journées d'hôpital.
Blessés.	45	»	86	1,122	1,154
Fiévreux.	665	28	573	2,482	13,723
Vénériens.	39	»	172	2	1,390
Galeux.	3	»	4	4	42
	752	28	835	3,000	15,309

Le nombre des congés de convalescence est de 79. Il n'y a pas de congé de réforme.

SOUHAUT, médecin-major.

64e DE LIGNE. — Du 1er juillet 1859 au 1er juillet 1860.

Mouvement des malades.

	Aux hôpitaux.	Décès.	A la chambre ou sous la tente.
Blessés.	137	12	1,364
Fiévreux.	724	75	2,957
Vénériens	149	»	»
Galeux.	32	»	»
	1,042	87	4,321

Le nombre des congés de convalescence est de. 112
Le nombre des congés de réforme est de. 23

Les constitutions robustes parmi les jeunes soldats sont loin d'être en majorité. Plusieurs ont dû être réformés par congé n° 2 immédiatement après leur incorporation, pour claudication, pieds plats, hypertrophie du cœur, constitution scrofuleuse, déviation de la colonne vertébrale, etc.

..... Le nouveau genre de vie, l'attrait de la nouveauté, l'attente de l'imprévu militent d'abord en faveur de la santé, parce que le soldat échappe à la monotonie de la vie de garnison. Malheureusement, cet état dure peu. Aux fatigues de l'état de guerre se joignent une nourriture non suffisamment réparatrice, et prise à des heures qui n'ont rien de fixe, la privation de sommeil, les préoccupations personnelles, l'agglomération prolongée sur un espace peu étendu, etc., etc. De là le développement de ces affections plutôt chroniques qu'inflammatoires dès le début, ces diarrhées interminables, ces dyssenteries promptement mortelles, ces fièvres qui laissent de longues traces, ces maladies, en un mot, qui détruisent peu à peu les armées les plus vaillantes. Bonino, médecin-major.

65e de ligne. — Du 1er juillet 1859 au 1er juillet 1860.

Mouvement des malades.

	Aux hôpitaux.	Décès.	A l'infirmerie.	A la chambre.	Journées d'hôpital.
Blessés.	210	103	64	802	2,652
Fiévreux.	911	123	89	2,314	23,460
Vénériens.	100	»	98	»	3,483
Galeux.	3	»	11	»	12
	1,224	226	262	3,116	29,607

Il y a eu 314 congés de convalescence, 16 congés de réforme n° 1 et 9 n° 2. Si ce nombre de congés paraît considérable, il faut se rappeler que nous sommes rentrés avec des hommes profondément débilités et qui avaient fait les plus grands efforts pour se maintenir en haleine. Jacquin, médecin-major.

68e de ligne. — Sans date précise, mais de 1859.

Fièvre typhoïde.

74 hommes ont été atteints; 14 sont morts. Parmi les premiers :

14	avaient	1 mois de service	sur	un effectif de	254
34	—	8 —	—	—	310
22	—	14 —	—	—	460
3	—	2 ans	—	—	585
1	—	6 —	—	—	171
74					

Parmi les morts :

5 avaient 1 mois de service.
6 — 8 — —
2 — 14 — —
1 — 2 ans —

La maladie qui éprouve cruellement les jeunes soldats est surtout la fièvre typhoïde, et, quand un régiment est atteint par une épidémie, ce sont toujours les plus faibles et les plus jeunes qui sont le plus sérieusement frappés, et la mortalité les atteint avec rigueur. Cette particularité n'a rien qui doive étonner, si l'on songe aux diverses phases par lesquelles passe le jeune soldat depuis son entrée dans la vie militaire jusqu'à sa complète initiation au dur métier des armes et si l'on veut examiner les troubles physiologiques qui impriment à sa constitution un cachet tout particulier et à son organisme des modifications importantes et des aptitudes morbides toutes nouvelles.

Au milieu de ces agglomérations d'hommes, la mort fait un triage parmi les faibles, *car ils ne résistent pas aux épreuves de l'acclimatement*. En effet, cette transition brusque de la vie libre à la vie de caserne ne se fait pas sans perturbations ni dangers sur des jeunes gens qui n'offrent pas assez de résistance. Ce régiment composé, en apparence, d'unités identiques, obéissant aux mêmes exigences, à la même discipline, n'est en réalité composé que d'individualités diverses qui se soumettent plus ou moins heureusement à l'uniformité. SONRIER, médecin-major.

70e DE LIGNE. — Du 1er juillet 1859 au 1er juillet 1860.

Mouvement des malades.

	Aux hôpitaux.	Décès.	A l'infirmerie.	A la chambre.	Journées d'hôpital.
Blessés.	171	104	112	1,150	3,524
Fiévreux. . . .	873		200	1,344	11,849
Vénériens . . .	62	»	63	»	1,827
Galeux.	»	»	8	»	»
	1,106	104	302	2,494	17,200

Le nombre des congés de convalescence est de. 190
Celui des congés de réforme. 32

Les maladies dominantes en campagne affectent en première ligne le tube digestif et les voies respiratoires; mais numériquement, les fièvres d'accès prennent le second rang. La prédominance des affections du tube digestif s'explique par la fatigue et l'épuisement des facultés digestives, attribuable à l'usage trop prolongé du biscuit joint à la privation de vin. FLEURY, médecin-major.

72e DE LIGNE. — Du 1er avril 1859 au 1er avril 1860.

Mouvement des malades.

	Aux hôpitaux.	Décès.	A l'infirmerie.	A la chambre ou sous tente.
Blessés.	631	57	139	822
Fiévreux.	882	46	115	1,722
Vénériens.	69	»	76	»
Galeux.	6	»	16	»
			6 sous la tente.	
	1,588	100	346	2,544

172 hommes ont été envoyés en congé de convalescence.
38 — été réformés.
20 — obtenu des gratifications renouvelables.
58 — été admis à la retraite ; ce sont :
17 amputés, 12 hommes avec des fractures vicieusement consolidées, 8 ankylosés, 21 infirmes par diverses causes.

BAZIN, médecin-major.

74e DE LIGNE. — Du 1er juillet 1859 au 1er juillet 1860.

Parmi les jeunes soldats de la classe de 1858 arrivés en 1859 au régiment, 8 avaient des infirmités qui les rendaient impropres au service ; 5 ont été réformés par la commission départementale, pour déformation de la poitrine, enfoncement (ancienne fracture) des os du crâne et maladies de la peau.

Parmi les 117 soldats de la classe 1859 arrivés au corps du 1er au 15 novembre, 53 étaient bons, 40 de force moyenne, 15 faibles, et 36 des uns et des autres présentaient des infirmités qui les rendaient impropres au service.

La commission départementale n'a encore réformé que 3 de ces infirmes, l'un pour emphysème pulmonaire, le second pour goître et varicocèle volumineux, le troisième pour faiblesse de constitution.

Il reste à faire réformer :

4 hommes avec goître simple ou double ;
1 épileptique.
1 bossu, avec élévation de l'épaule gauche ;
2 hommes avec déformation des jambes ;
1 homme avec hypospadias à la racine de la verge ;
5 hommes avec varicocèle volumineux ;

2 hommes porteurs de cicatrices gênantes;
17 hommes pour faiblesse de constitution, pieds plats, etc., etc.

Nota. — Les départements qui ont fourni ces infirmes sont :

Le Nord	4	Les Deux-Sèvres	8
Le Cantal	11	Le Haut-Rhin	13

EDME, médecin-major.

78e DE LIGNE. — Juillet 1860.

Depuis la dernière inspection, le régiment compte 103 décès, dont un tiers aux bataillons de guerre et les deux autres tiers au dépôt par suite de fièvre typhoïde, phthisie et diarrhée chronique.

145 hommes ont été envoyés en congé de convalescence,
20 » » eu des congés de réforme ; 15 de ces congés ont été donnés pour infirmités antérieures à l'incorporation. CAMPMAS, médecin-major.

82e DE LIGNE. — Juillet 1860.

Les jeunes soldats se livrent journellement aux exercices pratiques et théoriques en prévision des besoins des bataillons de guerre ; jetés brusquement en dehors de leurs habitudes, soumis à une discipline éclairée, mais sévère, ils paient leur initiation par des défaillances physiques et morales et des maladies réelles : mais ceux dont la constitution n'est pas en rapport avec les exigences du métier passent une grande partie de leur noviciat aux hôpitaux ou à l'infirmerie.

Nombre d'hommes admis aux hôpitaux, morts, réformés ou envoyés en congé de convalescence :

Blessés	357	Décès dans les hôpitaux	115
Fiévreux	987	Réformés	22
Vénériens	181	Envoyés en convalescence	156
Galeux	26		
	1,551 (Sur ce nombre le dépôt figure pour 720).		

Le recrutement a fourni. . . . . 307 hommes.

Constitution bonne	219	hommes.
— moyenne	71	—
— faible	17	—

Je n'ai pas à parler de blessés par l'ennemi, le régiment n'a assisté pendant la campagne à aucune bataille, ni combat. BESSIÈRE, médecin-major.

85e DE LIGNE. — Du 1er juillet 1859 au 1er juillet 1860.

Mouvement des malades.

		Décès.	A l'infirmerie.	A la chambre.
Blessés.	274	64	100	2,029
Fiévreux.	382		141	1,837
Vénériens	99	»	31	»
Galeux.	»	»	65	»
	755	64	337	3,866

Dans la même période : 208 hommes ont été envoyés en congé de convalescence,

75 » » réformés, dont 61 avec congé n° 1.

BASSELET, médecin-major.

86e DE LIGNE. — Du 1er juillet 1859 au 1er juillet 1860.

Beaucoup de jeunes soldats de la dernière classe (1858) sont d'une constitution faible. Il est présumable que les conseils de révision ont été moins sévères dans le choix des hommes à cause de la guerre.

205 hommes ont été envoyés en congé de convalescence,

52 » renvoyés avec des congés de réforme n° 1.

46 » » » » » n° 2, beaucoup pour affections tuberculeuses des poumons.

COURBOULIS, médecin-major.

100e DE LIGNE. — Du 1er juillet 1859 au 1er juillet 1860.

Mouvement des malades.

	Aux hôpitaux.	Morts.	A l'infirmerie.	A la chambre.
Blessés.	122	9	279	1,074
Fiévreux.	1,118	127	108	4,126
Vénériens	72	»	33	»
Galeux.	»	»	45	»
	1,312	136	465	5,200

Dans la même période : 59 hommes ont été envoyés en congé de convalescence,

16 » » réformés.

Quelques-uns des hommes (9) blessés à la bataille de Solferino ont succombé à la suite de blessures, les autres (127) sont morts de diarrhée et de dysenterie, contractées pendant cette courte et glorieuse guerre.

Cette mortalité, cause de dépopulation pour les localités serait évitée si, au lieu de jeunes gens faibles, on n'admettait que des hommes forts et bien constitués. Les premiers en restant dans leurs foyers, s'y développeraient sous l'influence des conditions favorables de la vie civile et y seraient utilement employés. Les seconds après avoir accompli le temps de service fixé par la loi, rentreraient presque tous bien portants dans leurs communes et ils y apporteraient avec l'expérience et l'instruction acquises sous les drapeaux, l'esprit d'ordre contracté au régiment.

CARMOUCHE, médecin-major.

3e CHASSEURS D'AFRIQUE. — Inspection de 1860.

Depuis un an, ce régiment a reçu près de 400 jeunes soldats arrivés à diverses reprises, par détachements plus ou moins considérables. Ces jeunes gens n'avaient pas été bien choisis; plusieurs ont déjà été réformés, plusieurs autres le seront prochainement. Ils n'auraient certes pas été admis au corps, s'ils n'étaient arrivés pendant l'absence des médecins du régiment, qui se trouvaient aux escadrons de guerre en Italie. Parmi les autres, il en est qui ne sont pas en état de supporter le cheval, un grand nombre a été envoyé à l'hôpital, où il en est mort 31 dans le courant de l'année 1859, malgré l'envoi de 85 hommes en congé de convalescence; beaucoup à présent même, 15 juillet 1860, sont encore incapables de faire leur service et traînent au régiment ou dans les hôpitaux. COCUD, médecin aide-major.

BATAILLON DE CHASSEURS A PIED DE LA GARDE. — Inspection de 1860.

Mouvement des malades.

	Aux hôpitaux.	Décès.	A l'infirmerie.	A la chambre ou sous tente.
Blessés.	51	1	44	242
Fiévreux. . . .	52	1	28	369
Vénériens. . . .	41	»	85	»
Galeux.	1	»	5	»
	145	2	162	611

Après la bataille de Solférino, et pendant le séjour du bataillon à Valeggio, peu de chasseurs ont quitté les rangs pour maladie.

Le bataillon compte :

29 tués;
152 blessés plus ou moins gravement;
15 morts à la suite de blessures;
32 retraités à la suite de blessures;
2 réformés no 1;
0 congés de convalescence.

PIÈCE JUSTIFICATIVE N° 4.

Depuis le passage des Alpes d'une part et le débarquement à Gênes de l'autre, c'est-à-dire depuis le 26 avril jusqu'au 20 mai, 10,164 hommes sont entrés aux hôpitaux sur les routes conduisant à Turin et sur celle de Gênes à Alexandrie. Sur ces 10,164 hommes, il faut retrancher 582 blessés le 20 mai à Montebello et il reste encore 9,582 hommes malades ou éclopés, c'est donc en un mois à peu près le dixième d'un effectif dont une seule division a rencontré l'ennemi. Ajoutons que sur ces 10,164 hommes 109 sont morts avant le 20 mai, — 83 malades et 26 blessés; — 2,400 seulement ont pu reprendre leur service dans le courant du mois et 7,646 restaient en traitement dans les hôpitaux le 1er juin. Quelles sont les maladies qui ont motivé ces entrées si nombreuses aux hôpitaux? Plaies aux pieds, bronchites, pleurésies, pleuro-pneumonies, pneumonies, courbatures, fièvres, diarrhées.

Les hôpitaux dans lesquels ces malades sont entrés sont, par ordre alphabétique :

		Morts.			Morts.
Alexandrie	3,284	41	*Report*	7,030	80
Arquata	2	»	Moncalieri	2	»
Bassignana	30	»	Montmélian	72	3
Bobbio	20	»	Nice	3	»
Busella	5	»	Novi	134	»
Casale	260	1	Parme	154	»
Castelnuovo di Scrivia	85	»	Pise	3	»
Chambéry	134	1	Pistoja	19	»
Cogoletto	1	»	Pontecurone	96	2
Empoli	4	»	Sale	157	1
Fort d'Exiles	8	»	San Salvatore	4	»
Fiesse	8	»	Savone	1	»
Florence	27	»	Serravalle	14	1
Gavi	96	5	Suze	329	5
Gênes	3,344	33	Torriglia	10	»
Lanslebourg	63	»	Tortone	326	1
L'Eisseillon	187	4	Trino	2	»
Livourne	103	»	Turin	91	2
Lucques	1	»	Valenza	214	1
San Marcello	2	»	Varzi	7	»
Port Maurice	6	»	Verceil	52	»
St-Jean-de-Maurienne	241	1	Voghera	502	3
Menton	1	»	Voltaggio	33	1
A reporter	7,030	80	TOTAL	10,164	109

PIÈCE JUSTIFICATIVE N° 5.

« L'humanité autant que la science ne réclame-t-elle pas impérieusement une enquête qui prouve sans réplique aux familles combien elles augmentent les chances de mort de leurs enfants en les confiant à des mains mercenaires?

« Que la science, que la statistique médicale démontrent donc à tous les yeux que les parents qui envoient leurs enfants en nourrice, doublent eux-mêmes volontairement les chances de mort de ces enfants; que l'administration, qui a charge de l'hygiène publique, donne une grande publicité à ces lamentables résultats, afin que personne n'en ignore. Dr Bertillon.

« Je doute qu'en Chine, où l'on tue ostensiblement les enfants qui sont en trop grand nombre, le massacre des nouveau-nés puisse jamais être aussi complet que l'est, dans certaines communes rurales de notre France civilisée, le massacre des enfants trouvés ou celui des nourrissons.

« Est-il croyable, en effet, que, faute de leur donner quand ils viennent de naître une alimentation convenable, faute de les surveiller, l'État consente à perdre ainsi, non pas chaque année, mais chaque mois, des milliers d'enfants? Au point de vue de la morale, au point de vue de l'humanité, au point de vue de la religion, cela n'est pas croyable, et cependant cela est vrai.

« J'ai vu des nourrices prévoyantes abandonner un petit parisien, sans soins, sans secours, sur son lit de souffrances, et aller à Paris chercher un second nourrisson avant que le premier n'eût rendu le dernier soupir, *afin de ne pas perdre leur lait.* » Dr Brochard.

M. le docteur Monot, de Monsauche (Nièvre), donne les résultats suivants sur la mortalité qui, dans *dix* communes du canton, a frappé sur les enfants laissés au pays et dont les mères étaient nourrices à Paris. Du 1er janvier 1858 au 31 décembre 1864, il est mort 449 de ces enfants.

Le même confrère donne le tableau suivant de la mortalité selon l'âge, dans tout le canton de Monsauche, du 1er janvier 1858 au 31 décembre 1864.

1 jour à 1 mois	230	*Report*	436
1 mois à 2 mois	45	6 mois à 7 mois	14
2 — à 3 —	56	7 — à 8 —	20
3 — à 4 —	39	8 — à 9 —	18
4 — à 5 —	37	9 — à 10 —	17
5 — à 6 —	23	10 — à 11 —	14
A reporter	430	11 — à 1 an	24
		Total	543

« J'ai pendant dix-huit ans observé un fait qui m'a toujours singulièrement frappé, et que, dans l'intérêt de la morale, je crois utile de publier. Dans certaines communes pauvres, toujours éloignées du chef-lieu judiciaire de l'arrondissement, on voit des femmes ou des filles qui ont dans toute la contrée la *réputation bien méritée d'être de très-mauvaises nourrices*. Chez elles, les nourrissons ne font que paraître et disparaître. Eh bien, ces femmes ont toujours des nourrissons, ces nourrissons sont presque toujours des enfants de filles, et ces nourrices sont toujours parfaitement et régulièrement payées. Un tel fait, se reproduisant d'une manière identique sur divers points d'un arrondissement, ne saurait être l'effet du hasard ; il est certainement le résultat d'un calcul. Il est évident pour le médecin que ces femmes, chez lesquelles les nourrissons meurent si facilement, sont connues, recherchées de certaines maisons de la capitale, que leurs services même y sont très-appréciés.

La mise en nourrice d'un nouveau-né peut donc, dans certains cas, constituer un infanticide, qui n'est pas, il est vrai, puni par le Code pénal, mais qui n'en est pas moins réel. Ce crime d'une nouvelle espèce mérite par sa fréquence de fixer l'attention du ministère public. Dr Brochard.

« Je ne connais qu'excessivement peu de bonnes nourrices ; j'en connais beaucoup de très-mauvaises. Il en est qui font de cela métier, depuis dix, douze, quinze ans, qui *ont toujours* des nourrissons, et qui, je crois, n'en ont jamais rendu aux parents, ce qui m'a fait dire bien souvent que je trouvais très-bêtes les filles qui donnent tête baissée dans le Code pénal, en tuant leurs enfants, quand elles pourraient éviter les sévérités de la loi en les mettant en nourrice à Montigny ou dans certaines maisons de la commune d'Illiers, Eure-et-Loir.

Ayant eu l'idée de mettre en face les uns des autres les soins donnés aux bêtes et ceux que reçoivent les petits êtres à face humaine, j'ai été stupéfait en reconnaissant que les chevaux, les moutons, les veaux, voire même les cochons, sont mieux nourris, mieux hébergés que les petits-fils d'Adam. Les étables, les bergeries, les écuries, les porcheries, excitent l'admiration du visiteur par l'ordre et la propreté qui y règnent ; que ce visiteur pénètre dans les taudis où l'on élève les nourrissons, les petits parisiens....... qu'y trouve-t-il ? Deux ou trois babys pâles, maigres, étiolés, à la figure de cire, criant, mourant de soif et de faim ! C'est horrible ?

Dans telle localité, il meurt 6 nourrissons sur.... 6 ; dans une autre, 8 sur 9 ; ailleurs 12 sur 12 ; plus loin 23 sur 24. Dr Brochard.

Un vénérable curé de la Gironde a pu écrire ceci : « du reste ces décès, hélas ! trop nombreux, ne laissent pas un grand deuil dans le cœur des nourrices ; elles en retirent d'autant plus de profits, que les pauvres enfants meurent très-souvent dans la huitaine qui suit le payement du trimestre, une de ces malheureuses disait, il y a quelques jours : la femme X...., a eu joliment de chance ; il lui en est mort cinq à six de rang, le mois dernier, et comme elle ne les a gardés que 7 à 8 jours, c'a été tout bénéfice pour elle. » (*Union médicale*, n° 31, 1867.)

TABLEAU N° 1.

SITUATION GÉNÉRALE DU RECRUTEMENT DEPUIS 1830.

Ce tableau donne :

1° L'année de la classe appelée;
2° Le nombre des jeunes gens inscrits sur les listes du tirage au sort ;
3° Le nombre des appelés ou le chiffre du contingent ;
4° Le nombre des jeunes gens qu'il a fallu examiner pour former le contingent ;
5° Le nombre des jeunes gens libérés par leur numéro ;
6° Le nombre des exemptés pour infirmités et incapacités;
7° La proportion de ces exemptés pour 1,000 examinés ;
8° Le nombre des exemptés pour défaut de taille ;
9° La proportion de ces exemptés pour 1,000 examinés;
10° La moyenne de la taille des jeunes soldats ;
11° Le nombre des exemptés à divers titres, paragraphes 1 à 9, de l'article de la loi du 21 mars 1832;
12° Le nombre des jeunes gens déduits du contingent, art. 14 de la même loi ;
13° Le nombre des jeunes gens maintenus dans leurs foyers, comme soutiens de famille ;
14° Le nombre des engagés volontaires ;
15° Le nombre des insoumis de la classe ;
16° L'effectif général moyen de l'armée.

Situation établie d'après le Compte rendu annuel du recrutement.

TABLEAU N° 1.

SITUATION GÉNÉRALE DU

CLASSES.	NOMBRE DES JEUNES GENS					PROPORTION des exemptions pour 1000 examinés.	OBSERVATIONS.
	Inscrits.	Appelés.	Examinés.	Libérés par leur numéro.	Exemptés pour infirmités.		
1830	294,593	80,000	161,953	132,040	54,779 (a)	319,40	(a) Le chiffre 54,779 comprend les exemptés pour infirmités et les exemptés pour défaut de taille de la classe de 1830.
1831	295,078	80,000	171,541	124,437	45,531	277,10	
1832	277,477	80,000	166,303	111,172	43,008	264,00	
1833	283,805	80,000	172,397	113,408	48,175	279,40	
1834	320,298	80,000	171,772	154,520	48,316	281,30	
1835	300,376	80,000	173,765	135,011	49,009	282,00	
1836	300,516	80,000	179,317	130,190	53,788	299,90	
1837	294,021	80,000	178,613	116,008	54,560	305,50	
1838	287,311	80,000	174,607	112,704	51,829	296,90	
1839	314,521	80,000	180,168	134,353	57,587	319,60	
1840	300,717	80,000	176.778	123,930	54,066	305,80	
1841	300,822	80,000	175,541	125,281	54,878	312,60	
1842	301,222	80,000	180,409	123,813	58,202	322,90	
1843	304,998	80,000	179,327	125,671	58,022	320,90	
1844	308,900	80,000	175,462	135,438	54,565	314,60	
1845	300,775	80,000	172,288	128,487	53,891	313,40	
1846	307,091	80,000	173,910	133,181	50,013	313,50	
1847	304,903	80,000	160,460	144,445	41,884	261,00	
1848	305,124	80,000	166,994	138,130	49,217	294,70	
1849	304,023	80,000	167,518	136,475	49,775	297,20	
1850	305,712	80,000	164,405	141,307	48,433	294,60	
1851	311,218	80,000	161,077	150,141	46,838	291,40	
1852	295,762	80,000	159,030	135,823	45,944	287,60	
1853	301,295	140,000	253,749	45,546	62,376	247,80	
1854	306,662	140,000	251,121	45,501	62,364	247,80	
1855	317,855	140,000	268,030	49,816	65,417	244,10	
1856	310,289	100,000	211,620	98,669	60,673	286,70	
1857	294,761	100,000	210,019	84,742	58,514	278,60	
1858	305,339	140,000	267,333	38,906	63,820	238,80	
1859	306,314	100,000	200,168	100,146	55,481	269,20	
1860	312,204	100,000	204,216	107,088	54,179	264,80	
1861	321,455	100,000	205,093	116,362	56,524	275,60	
1862	323,070	100,000	204,047	119,023	56,885	278,80	
1863	325,127	100,000	204,870	120,237	57,630	281,40	
1864	321,561	100,000	198,916	122,645	54,926	276,20	
1865	326,095	100,000	196,185	129,910			

RECRUTEMENT DEPUIS 1830.

CLASSES.	NOMBRE DES JEUNES GENS — Exemptés pour défaut de taille.	Proportion pour 1,000 examinés.	Moyenne de la taille.	Exemptés à divers titres, 3, 4, 5, 6, 7, 8, 9.	Compris dans le contingent et déduits. Art. 44.	Maintenus dans leurs foyers, soutiens de famille.	Engagés volontaires.	Insoumis.	EFFECTIF général moyen présent au 31 décembre.	OBSERVATIONS.
1830	»	»	1,032	27,289	11,512	»	30,320	1,313	(a)	
1831	15,035	92,00	1,032	27,802	8,036	»	11,908	1,433	»	(a) Le compte rendu ne fait pas connaître la force de l'effectif au 31 décembre 1831.
1832	14,202	90,00	1,032	27,810	7,203	»	5,501	1,345	420,733	
1833	15,078	87,50	1,033	28,803	6,238	»	4,157	500	410,000	
1834	14,406	84,20	1,033	28,859	6,238	»	3,506	405	440,642	
1835	11,440	83,10	1,036	29,872	5,110	»	3,227	883	446,035	(c) C'est seulement en 1837 et applicable à la classe de 1836 que le maintien dans leurs foyers d'un certain nombre de jeunes soldats a commencé.
1836	14,843	82,80	1,070	30,551	5,006	406(c)	3,815	815	472,739	
1837	14,130	79,20	1,033	29,674	5,132	670	4,281	992	491,404	
1838	13,244	75,80	1,035	29,310	5,031	793	5,244	1,170	469,470	
1839	12,028	71,80	1,035	29,380	6,200	837	6,327	1,060	475,570	
1840	13,865	78,40	1,033	28,556	6,025	837	5,006	751	429,400	
1841	12,754	72,70	1,034	29,723	7,318	836	6,309	604	426,292	
1842	13,348	74,00	1,039	28,643	7,033	1,414	6,040	691	379,081	
1843	12,072	70,60	1,034	27,859	7,110	1,045	8,045	281	346,257	
1844	11,800	68,00	1,034	27,009	7,275	1,043	8,791	330	355,379	
1845	11,005	67,60	1,036	29,407	7,730	1,040	9,130	322	374,706	
1846	11,203	67,60	1,036	26,508	8,711	1,038	11,006	321	379,085	
1847	13,708	85,80	1,034	24,510	8,329	1,043	20,002	996	377,128	
1848	11,701	70,00	1,033	25,731	10,439	1,036	10,904	13	405,022	
1849	11,172	66,70	1,034	26,413	8,310	1,041	9,021	4	435,207	
1850	10,256	62,30	1,034	25,536	7,445	1,040	10,436	446	406,960	
1851	9,099	59,60	1,034	24,454	7,704	1,042	12,232	244	400,570	
1852	9,880	61,80	1,036	23,947	7,788	1,020	10,175	241	370,101	
1853	15,320	56,00	1,034	39,780	10,219	2,847	10,300	1,306	358,870	
1854	17,051	56,00	1,033	42,457	22,351	1,442	25,185	2,012	555,280	
1855	18,406	68,90	1,033	46,275	20,805	1,430	20,091	1,750	577,336	
1856	13,332	63,00	1,033	37,721	10,002	2,043	7,028	103	560,801	
1857	13,393	63,80	1,032	38,406	11,080	2,042	11,048	15	538,032	
1858	10,401	61,70	1,032	40,016	15,256	1,443	17,889	1,310	537,185	
1859	12,178	58,00	1,033	38,582	12,007	1,044	15,310	171	615,465	
1860	12,148	59,50	1,033	37,930	12,159	1,046	15,882	270	407,000	
1861	11,710	57,00	1,034	36,758	11,029	2,042	12,530	300	453,669	
1862	11,423	56,00	1,034	35,681	8,649	2,044	9,072	288	430,161	
1863	11,421	55,70	1,038	35,747	10,739	2,044	11,845	280	421,411	
1864	10,609	58,00	1,034	33,268	10,808	2,042	12,304	320	410,672	
1865	»	»	»	32,968	10,413	2,044	»	»	395,564	

TABLEAU N° 2.

SITUATION DE LA POPULATION RECRUTABLE.

Ce tableau est une situation annuelle de la population recrutable depuis 1817, il donne :

1° L'année de la naissance des jeunes gens appelés;

2° Le nombre des naissances des enfants légitimes, des enfants naturels et le total annuel des naissances;

3° La date de l'appel des classes correspondantes aux naissances ;

4° Le nombre des jeunes gens maintenus sur les listes du tirage à 20 ans révolus, avec distinction numérique des enfants légitimes et des enfants naturels sans état civil, et le total des uns et des autres ;

5° Le nombre des décès dans la période de 20 années révolues soit pour les enfants légitimes, soit pour les enfants naturels, et la proportion des décès des uns et des autres, ainsi que le total des décès et la proportion générale de la mortalité par rapport aux naissances.

Situation établie d'après le Compte rendu annuel du recrutement, la Statistique générale de la France et l'Annuaire du bureau des longitudes.

TABLEAU N° 2. SITUATION DE LA POPULATION

ANNÉES de la NAISSANCE.	NAISSANCES. — ENFANTS (GARÇONS)			APPEL des CLASSES correspondantes.	NOMBRE DE SURVIVANTS INSCRITS ET MAINTENUS SUR LES LISTES DU TIRAGE à vingt ans révolus.		
	Légitimes.	Naturels.	TOTAL.		Légitimes.	Naturels.	TOTAL.
1817	456,570	31,887	488,437	1838	Distinction non établie.		287,311
1818	440,972	30,216	471,188	1839	»	»	314,521
1819	475,651	33,660	509,311	1840	»	»	290,717
1820	460,463	33,915	494,378	1841	»	»	300,822
1821	463,069	34,552	497,621	1842	»	»	304,222
1822	465,274	35,820	501,094	1843	»	»	304,098
1823	460,807	35,710	496,517	1844	»	»	308,000
1824	471,490	36,280	507,770	1845	»	»	300,773
1825	468,151	35,581	503,732	1846	»	»	307,001
1826	474,837	37,061	511,898	1847	»	»	304,003
1827	469,209	36,098	505,307	1848	»	»	305,124
1828	465,745	35,924	501,669	1849	»	»	304,023
1829	460,887	35,276	496,163	1850	»	»	305,712
1830	461,757	35,229	496,986	1851	»	»	311,218
1831	472,614	36,415	509,029	1852	»	»	293,702
1832	449,090	34,428	483,518	1853	291,070	9,016	301,286
1833	464,140	36,460	500,600	1854	297,065	9,557	306,622
1834	470,958	37,760	508,718	1855	307,539	10,316	317,855
1835	474,098	38,270	512,368	1856	300,523	9,706	310,229
1836	467,002	37,436	504,438	1857	285,941	8,820	294,761
1837	450,039	35,308	485,347	1858	296,386	8,953	305,339
1838	459,513	35,350	494,863	1859	297,334	8,980	306,314
1839	456,571	36,094	492,665	1860	303,264	8,940	312,204
1840	453,559	35,815	489,374	1861	312,136	9,319	321,455
1841	467,178	35,671	502,849	1862	313,892	9,178	323,070
1842	470,894	35,415	506,309	1863	315,777	9,350	325,127
1843	470,120	35,400	505,520	1864	311,899	9,662	321,561
1844	462,182	35,366	497,548	1865	316,844	9,251	326,095
1845	475,098	35,211	510,309	1866			
1846	459,363	35,433	494,796	1867			
1847	436,807	33,287	470,094	1868			
1848	452,601	34,831	487,432	1869			
1849	475,728	35,953	511,681	1870			
1850	459,306	35,302	494,608	1871			
1851	466,335	35,755	502,090	1872			
1852	459,539	35,415	494,954	1873			
1853	447,035	35,281	482,316	1874			
1854	438,182	35,652	473,834	1875			
1855	429,454	34,792	464,246	1876			
1856	453,663	34,708	488,371	1877			
1857	446,326	36,010	482,336	1878			
1858	457,856	37,700	495,556	1879			
1859	481,321	40,795	522,116	1880			
1860	454,462	35,184	489,646	1881			
1861	475,788	38,947	514,735	1882			
1862	472,696	37,615	510,311	1883			
1863	479,487	39,094	518,581	1884			

RECRUTABLE DE 1817 à 1863.

APPEL des CLASSES correspondantes.	DÉCÈS DANS LA PÉRIODE DE VINGT ANNÉES RÉVOLUES. ENFANTS (GARÇONS) Légitimes.	Prop. p. 0/0	Naturels.	Prop. p. 0/0	TOTAL des décès.	Proportion p. 0/0.	OBSERVATIONS.
1838	Distinction non établie.				201,146	41,1	
1839	»	»	»	»	180,807	33,2	
1840	»	»	»	»	208,894	40,9	
1841	»	»	»	»	193,836	39,1	
1842	»	»	»	»	193,390	38,8	
1843	»	»	»	»	190,096	39,1	
1844	»	»	»	»	187,017	37,7	
1845	»	»	»	»	201,005	40,7	
1846	»	»	»	»	190,041	39,	
1847	»	»	»	»	200,093	40,4	
1848	»	»	»	»	200,183	39,0	
1849	»	»	»	»	197,046	39,3	
1850	»	»	»	»	190,451	38,3	
1851	»	»	»	»	183,768	37,3	
1852	»	»	»	»	213,267	37,4	
1853	157,426	38,	24,806	72,	182,232	37,7	
1854	167,075	35,9	26,903	73,7	193,978	38,7	
1855	163,419	34,7	27,444	72,6	190,863	37,5	
1856	173,575	36,6	28,504	74,4	202,079	39,4	
1857	182,001	39,4	28,016	76,4	210,077	41,7	
1858	153,653	34,1	26,355	74,6	180,008	37,1	
1859	162,179	33,3	26,370	74,6	188,549	38,1	
1860	153,307	33,5	27,154	75,2	180,401	36,6	
1861	141,423	31,2	26,496	74,	167,919	34,3	
1862	153,286	32,8	26,403	74,2	179,779	35,7	
1863	155,117	32,9	26,065	73,6	181,182	35,7	
1864	158,221	33,6	25,738	72,7	183,959	36,4	
1865	»	»	»	»	»	»	

TABLEAU N° 3.

MOUVEMENT DE LA POPULATION FÉMININE ET GÉNÉRALE DE 1817 A 1863.

Ce tableau donne :

Le nombre annuel des naissances féminines, enfants légitimes, enfants naturels;
Le nombre des enfants morts-nés;
Le nombre des naissances des deux sexes;
Les décès dans la population entière;
La situation augmentée ou diminuée et générale de la population de la France.

Mouvement établi d'après la Statistique générale de la France et l'Annuaire du bureau des longitudes.

Tableau n° 3.

ANNÉE de la NAISSANCE.	NAISSANCES. — ENFANTS (FILLES).			MORT-NÉS des DEUX SEXES	TOTAL des NAISSANCES des DEUX SEXES.	DÉCÈS dans LA POPULATION ENTIÈRE.		
	légitimes.	naturels.	TOTAL.			masculins.	féminins.	TOTAL.
1817	425,002	30,066	455,068	»	944,125	382,813	365,410	748,223
1818	414,332	28,335	442,667	»	913,858	376,412	375,405	751,807
1819	446,606	32,001	478,607	»	987,918	398,290	389,705	788,055
1820	432,121	32,434	464,122	»	958,033	389,822	380,884	770,706
1821	432,803	32,934	465,737	»	963,358	377,062	374,152	751,214
1822	437,774	33,928	471,702	»	972,706	391,443	382,719	774,162
1823	433,552	33,852	467,394	»	964,021	376,101	366,634	742,735
1824	441,488	31,894	470,382	»	981,152	385,785	377,821	763,606
1825	436,443	34,011	470,454	»	973,086	400,444	397,568	798,012
1826	445,883	35,410	481,293	»	993,191	419,013	416,045	835,058
1827	440,210	34,670	474,880	»	980,196	399,864	391,261	791,125
1828	440,098	34,780	474,878	»	976,547	421,956	415,189	837,145
1829	434,289	34,075	468,364	»	964,527	405,366	398,087	803,453
1830	436,829	34,018	470,838	»	967,824	408,545	401,285	809,830
1831	442,981	34,099	477,080	»	986,709	405,902	396,859	802,761
1832	421,413	33,255	454,668	»	938,186	466,109	467,624	933,733
1833	434,345	35,038	469,383	»	969,983	408,070	403,878	812,548
1834	441,973	35,799	477,772	»	986,490	462,158	455,670	917,828
1835	445,008	36,457	481,465	»	993,833	414,625	401,788	816,413
1836	439,316	36,066	475,382	»	970,820	390,380	381,320	771,700
1837	423,481	34,521	458,002	»	943,349	440,097	438,604	878,701
1838	431,874	34,739	466,613	»	961,476	426,899	419,300	846,199
1839	430,816	34,259	465,075	27,490	957,740	391,765	388,835	780,600
1840	428,516	34,428	462,944	29,278	952,318	410,853	405,633	816,486
1841	438,913	35,167	474,080	29,090	976,029	406,128	395,634	801,762
1842	442,074	34,513	476,587	30,066	982,896	422,999	413,153	836,152
1843	443,429	34,158	477,587	30,274	983,107	406,432	405,003	811,435
1844	435,850	33,926	469,776	31,100	987,324	388,913	387,613	776,526
1845	447,705	34,019	481,724	30,768	992,033	377,055	377,046	751,701
1846	444,477	34,200	478,496	29,674	983,473	410,050	414,842	831,408
1847	416,148	32,339	448,487	27,730	918,581	429,064	426,064	856,020
1848	428,336	32,960	461,316	29,403	948,748	422,509	421,640	844,158
1849	449,093	34,690	483,785	31,308	995,466	492,279	489,729	982,008
1850	433,712	34,652	468,364	29,073	962,072	386,506	380,147	773,653
1851	442,622	35,195	477,817	31,063	979,907	416,743	406,706	807,449
1852	435,697	34,429	470,126	37,001	965,080	406,107	404,588	810,695
1853	421,000	33,051	454,051	38,064	936,007	397,130	398,416	795,596
1854	415,182	34,445	449,627	39,778	923,401	498,263	494,514	992,779
1855	405,894	31,419	437,313	37,893	899,589	485,963	450,870	936,833
1856	430,165	33,580	463,745	40,786	952,116	425,189	411,893	837,082
1857	423,493	34,880	458,373	41,005	940,709	428,083	430,702	858,785
1858	435,405	36,933	472,338	43,782	967,894	431,436	442,587	874,023
1859	456,166	39,614	495,780	46,520	1,017,896	482,493	486,840	979,333
1860	433,116	34,113	467,229	44,218	946,875	393,381	388,254	781,635
1861	452,593	37,750	490,343	45,024	1,005,078	435,374	431,223	866,597
1862	448,552	36,304	484,856	44,915	995,167	408,558	404,420	812,978
1863	456,824	37,889	494,713	45,453	1,012,794	420,208	420,709	840,917
1864			480,720	46,041	1,005,880			860,330

FÉMININE ET GÉNÉRALE DE 1817 à 1863.

ANNÉE de la NAISSANCE.	POPULATION DE LA FRANCE.			OBSERVATIONS.
	augmentée.	diminuée.	générale.	
1817	195,902	»		ÉTAT DE LA POPULATION GÉNÉRALE en 1789, d'après de Pomelles.. 25,065,883 individus. en 1801. . . . . 27,350,902 — en 1806. . . . . 29,107,425 — en 1816. . . . . 29,327,388 —
1818	161,048	»		
1819	199,803	»		
1820	188,227	»		
1821	212,144	»	30,461,875	
1822	198,034	»		
1823	221,260	»		
1824	220,540	»		
1825	175,074	»		
1826	157,533	»		
1827	180,071	»	31,870,745	
1828	130,402	»		
1829	161,074	»		
1830	137,994	»		
1831	183,048	»	32,569,223	
1832	4,403	»		Choléra.
1833	175,435	»		
1834	68,062	»		
1835	177,420	»		
1836	208,120	»	33,540,910	
1837	64,648	»		
1838	115,277	»		
1839	177,140	»		
1840	135,832	»		
1841	172,167	»	34,230,178	
1842	146,744	»		
1843	171,672	»		
1844	190,708	»		
1845	237,332	»		
1846	151,975	»	35,401,701	
1847	62,555	»		
1848	104,500	»		
1849	13,458	»		Choléra.
1850	187,319	»		
1851	162,458	»	35,783,170	
1852	154,383	»		
1853	141,371	»		Choléra.
1854	»	69,318		
1855	»	37,274		
1856	115,030	»	36,039,364	
1857	81,924	»		
1858	93,871	»		
1859	38,503	»		
1860	175,240	»		
1861	138,481	»	37,382,225	
1862	182,180	»		
1863	165,977	»		
1864	145,550	»	37,924,432	

TABLEAU N° 4.

ÉTAT COMPARATIF DE LA TAILLE DEPUIS 1848.

Indiquant la taille des jeunes gens appelés de 1848 à 1864; la moyenne générale de la taille et les départements qui ont fourni le plus de jeunes gens de taille moyenne ou au-dessus de la moyenne.

Situation établie d'après le Compte rendu annuel du recrutement.

Tableau n° 4.

ÉTAT COMPARATIF

CLASSES.	APPELÉS.	NOMBRE de jeunes gens des contingents, déduction faite des non-fournis par épuisement.	NOMBRE DE JEUNES GENS AYANT LES TAILLES										
			1m,560 à 1m,569	1m,570 à 1m,597	1m,598 à 1m,624	1m,625 à 1m,651	1m,652 à 1m,678	1m,679 à 1m,705	1m,706 à 1m,732	1m,733 à 1m,760	1m,761 à 1m,787	1m,788 à 1m,814	1m,815 à 1m,841
1848	80,000	79,950	2,411	7,808	11,709	14,897	10,939	10,590	6,343	3,178	1,047	495	102
1849	80,000	79,942	2,324	7,813	11,780	15,079	11,288	11,123	6,393	3,325	1,049	492	153
1850	80,000	79,969	2,182	8,220	11,960	15,303	11,387	11,227	6,413	3,341	1,100	551	152
1851	80,000	79,980	2,124	8,102	11,920	15,222	11,140	11,337	6,436	3,322	1,100	553	155
1852	80,000	79,970	2,037	7,958	12,347	15,175	11,002	11,152	6,491	3,307	1,127	560	165
1853	140,000	137,971	4,007	13,502	20,617	25,127	18,301	18,577	11,174	6,013	2,111	939	290
1854	140,000	137,970	4,352	13,905	19,806	23,823	17,520	17,434	10,272	5,306	1,750	844	274
1855	140,000	137,850	4,245	13,030	20,124	21,344	17,239	17,750	10,443	5,485	1,917	867	290
1856	100,000	99,720	2,815	10,086	15,327	18,274	13,143	13,075	8,037	3,706	1,403	782	223
1857	100,000	99,585	2,835	9,090	15,209	18,010	12,984	13,040	7,904	4,086	1,300	762	256
1858	140,000	139,898	3,961	13,070	21,426	24,716	17,784	18,501	10,991	5,739	1,961	1,071	312
1859	100,000	99,705	2,975	9,711	15,620	18,135	12,808	13,350	8,110	4,020	1,382	839	263
1860	100,000	99,820	2,820	9,956	15,570	17,907	12,420	13,411	8,193	4,133	1,503	807	249
1861	100,000	99,874	2,744	10,063	15,661	18,275	12,533	13,905	8,187	4,194	1,417	820	202
1862	100,000	99,807	2,680	10,215	16,047	18,034	13,015	14,300	8,354	4,251	1,515	804	282
1863	100,000	99,814	2,747	9,059	15,928	18,730	12,479	14,126	8,190	4,159	1,488	840	238
1864	100,000	99,919	2,719	9,686	15,643	18,583	13,002	13,910	8,344	4,146	1,380	804	292

DE LA TAILLE DEPUIS 1848.

SUIVANTES : 1m,842 à 1m,868	1m,869 à 1m,895	1m,896 à 1m,922	1m,923 et au-dessus.	NOMBRE de jeunes gens dont la taille n'a pas été constatée.	TAILLE MOYENNE des jeunes gens portés sur les listes.	DÉPARTEMENTS QUI ONT FOURNI LE PLUS DE JEUNES GENS DE TAILLE MOYENNE de 1m,733 à 1m,760 et au-dessus.
36	23	3	2	10,247	1m653	
43	13	3	1	8,963	1 654	Nord, Seine, Somme, Bas-Rhin, Pas-de-Calais.
42	23	4	3	7,071	1 654	Nord, Seine, Somme, Pas de-Calais, Isère.
45	9	3	1	8,502	1 654	Nord, Seine, Ain, Somme, Isère.
·33	13	4	2	8,538	1 656	Seine, Nord, Isère, Somme, Saône-et-Loire.
66	32	8	2	17,019	1 654,42	Nord, Seine, Doubs, Isère, Pas-de-Calais.
63	26	11	6	22,036	1 643,71	Seine, Nord, Seine-Inférieure, Isère, Saône-et-Loire.
67	25	3	1	21,529	1 653,22	Nord, Seine, Somme, Isère, Vosges.
50	19	8	2	12,020	1 651,58	Seine, Isère, Saône-et-Loire.
58	23	8	3	12,421	1 652,40	Nord, Seine, Isère, Saône-et-Loire, Pas-de-Calais.
74	28	5	2	16,297	1 652,84	Nord, Seine, Isère, Aisne, Moselle.
56	18	14	1	12,403	1 655,32	Nord, Seine, Isère, Aisne, Vosges.
52	23	5	3	12,706	1,653 77	Seine, Nord, Vosges, Isère, Bas-Rhin.
59	27	11	1	11,684	1 654,27	Seine, Nord, Isère, Seine-Inférieure, Bas-Rhin, Vosges.
60	19	9	3	9,581	1 654	Nord, Seine, Isère, Loire-Inférieure, Bas-Rhin.
60	24	13	2	10,810	1 658,52	Nord, Seine, Saône-et-Loire, Pas-de-Calais, Isère, Haut-Rhin.
76	32	8	»	11,294	1 654,02 (*)	Seine, Nord, Saône-et-Loire, Pas-de-Calais, Isère.

(*) Le Compte rendu du recrutement porte 1m658,05; c'est une erreur que le bureau du recrutement a bien voulu me signaler.

TABLEAU N° 5.

ÉTAT DES DIVERSES ESPÈCES DE MALADIES ET D'INFIRMITÉS

qui ont donné lieu à l'application des paragraphes 1 et 2 de l'art. 13 de la loi du 21 mars 1832, et du nombre de jeunes gens exemptés pour chacune de ces espèces.

Ce tableau indique la nature et le nombre des infirmités ou maladies pour lesquelles les jeunes gens ont été exemptés.

Il est établi d'après le Compte rendu annuel du recrutement.

ÉTAT des diverses espèces de maladies et d'infirmités qui ont donné lieu à l'application des

exemptés pour

TABLEAU n° 5.

(Ce Tableau indique la nature et le nombre des infirmités

	1850	1851	1852	1853	1854
Dartres, couperose	319	335	203	300	438
Teigne.	304	350	331	511	655
Calvitie et Alopécie	432	502	402	611	662
Lèpre et Éléphantiasis	13	17	23	41	40
Maladies diverses de la peau	163	255	120	198	181
Perte complète de la vue	73	63	58	99	124
Perte d'un œil ou de son usage	730	638	752	1,168	1,115
Strabisme	140	138	123	185	235
Myopie.	488	435	427	641	840
Maladies diverses des yeux	1,233	1,190	1,108	1,577	1,699
Surdité-mutité.	160	170	134	220	273
Surdité	202	240	232	358	422
Maladies diverses de l'appareil auditif.	112	85	70	131	115
Perte des dents	1,235	1,192	1,324	1,614	1,670
Bec de lièvre, divisions congéniales.	50	60	54	73	92
Maladies diverses de la bouche	143	173	182	186	183
Bégayement.	538	520	494	643	712
Aphonie	14	17	11	23	27
Ozène	38	30	27	37	32
Maladies diverses du nez	75	66	66	88	90
Goître	1,118	1,067	1,156	1,429	1,356
Scrofules.	1,644	1,476	1,079	2,345	2,572
Maladie organique du cœur ou des vaisseaux.	369	323	300	447	524
Phthisie pulmonaire.	102	118	106	214	197
A REPORTER.	9,900	9,480	9,317	13,277	14,284

paragraphes 1 et 2 de l'art. 13 de la loi du 21 mars 1832, et du nombre de jeunes gens

chacune de ces espèces.

…s maladies pour lesquelles les jeunes gens ont été exemptés.)

CLASSES										
1855	1856	1857	1858	1859	1860	1861	1862	1863	1864	1865
443	350	304	384	288	315	259	278	278	192	
680	420	356	507	366	376	384	342	306	341	
669	638	634	656	642	533	577	577	616	621	
31	17	24	35	32	24	30	21	31	23	
231	197	195	204	149	217	169	240	274	180	
123	92	82	111	71	93	96	101	86	90	
1,175	932	967	1,272	937	980	804	948	926	984	
253	230	181	187	169	170	187	195	181	202	
828	652	674	712	680	671	781	792	814	812	
1,841	1,435	1,434	1,733	1,418	1,342	1,405	1,425	1,344	1,410	
280	240	182	208	190	230	201	201	210	147	
465	332	310	390	316	385	205	326	301	348	
175	131	109	183	128	116	141	127	141	132	
1,816	1,669	1,681	2,010	1,633	1,784	1,859	2,084	2,303	2,308	
90	74	80	78	50	54	64	70	70	95	
198	173	187	197	263	181	223	343	221	202	
826	637	643	755	657	723	653	635	683	682	
13	24	19	19	21	23	30	28	21	16	
30	24	27	36	14	31	43	30	32	34	
93	93	73	59	55	60	76	95	81	91	
1,619	1,385	1,505	1,420	1,375	1,706	1,388	1,480	1,680	1,557	
2,471	2,053	2,026	2,313	1,831	1,850	1,875	1,700	1,916	1,600	
433	471	403	513	388	470	377	454	516	582	
107	125	139	164	144	182	207	186	180	194	
15,048	12,310	12,615	14,247	11,752	12,464	12,144	12,770	13,570	12,911	

***ÉTAT** des diverses espèces de maladies et d'infirmités qui ont donné lieu à l'application*

exemptés pour chacune

TABLEAU N° 5 (*Suite*).

	1850	1851	1852	1853	1854
REPORT.	9,900	9,480	9,517	13,277	14,284
Maladies diverses des organes respiratoires	333	354	325	481	480
Tumeurs et engorgement des viscères abdominaux	109	223	262	276	272
Hernies	2,869	2,716	2,585	4,422	4,182
Vice de conformation des organes génito-urinaires.	166	185*	147	213	190
Varicocèle.	2,370	2,266	2,081	2,296	1,584
Maladie des testicules, etc.	831	816	662	1,097	835
Maladies diverses des voies urinaires.	151	190	157	209	237
Perte de l'usage des membres supérieurs.	507	593	629	744	766
— — des membres inférieurs	637	530	600	870	797
Mutilation de doigts, etc.	1,034	1,114	946	1,427	1,427
Varices	1,989	2,005	2,223	2,352	1,802
Amaigrissement, Contraction	1,093	914	910	1,344	1,323
Pieds plats.	593	608	772	925	957
Pieds bots, Incurvation des membres.	2,043	1,906	1,921	2,578	2,866
Déviation de la colonne vertébrale	1,246	1,308	1,322	1,800	1,773
Épilepsie.	233	226	199	346	384
Danse de Saint-Guy, etc.	31	26	26	58	44
Crétinisme, Idiotisme, etc.	569	602	546	830	939
Aliénation mentale	76	66	70	110	112
Paralysie des membres	85	71	88	129	137
Faiblesse de constitution	16,015	16,145	15,880	21,425	21,110
Infirmités diverses	4,251	4,255	4,104	5,002	6,054
Défaut de taille	10,256	9,699	9,880	15,320	17,031
TOTAL . .	59,377	56,537	55,933	77,705	80,345

des paragraphes 1 et 2 de l'art. 13 de la loi du 21 mars 1832, et du nombre de jeunes gens de ces espèces (Suite).

CLASSES										
1855	1856	1857	1858	1859	1860	1861	1862	1863	1864	1865
15,048	12,319	12,615	14,247	11,752	12,464	12,444	12,750	13,570	12,911	
446	415	308	437	495	349	536	507	500	338	
208	271	200	281	280	332	260	250	303	327	
4,114	3,202	3,433	3,863	3,390	3,342	3,600	3,709	3,633	3,007	
171	242	225	184	204	212	320	270	415	341	
1,094	2,423	1,065	1,904	1,007	1,722	1,000	1,570	1,489	1,601	
1,000	1,073	952	1,284	1,000	1,070	1,180	1,007	1,002	1,203	
252	203	258	203	216	258	313	250	320	250	
853	583	534	757	710	635	677	731	632	650	
840	627	73	902	690	640	781	772	682	812	
1,743	1,400	1,427	1,072	1,541	1,318	1,487	1,500	1,501	1,480	
1,840	2,143	2,125	2,008	2,105	2,070	2,145	2,040	2,083	2,247	
1,371	1,347	1,205	,337	1,156	1,032	1,008	1,109	1,312	1,046	
702	805	918	710	903	819	701	857	885	787	
3,017	2,810	2,033	2,057	2,559	2,500	2,738	3,143	3,004	2,570	
1,932	1,904	1,902	1,081	1,014	1,578	1,798	1,743	1,725	1,506	
304	274	200	328	244	202	291	318	305	205	
56	41	45	34	30	34	32	32	28	20	
1,036	702	600	934	682	685	718	755	756	664	
142	80	101	118	103	87	104	108	125	102	
155	114	118	132	86	106	117	100	147	138	
22,524	22,490	20,534	22,200	18,806	17,015	18,440	18,444	18,047	17,275	
5,777	4,894	5,100	5,477	4,558	4,709	4,723	4,647	5,195	4,570	
18,466	13,332	13,393	16,591	12,178	12,023	11,710	11,428	11,421	10,615	
83,881	73,991	71,007	80,420	67,030	66,325	68,233	68,313	69,060	65,535	

TABLEAU N° 6.

EFFECTIF ENTRETENU SOUS LES DRAPEAUX

en vertu de diverses lois de finances et réserve, au 1er janvier, de chacune des années 1851 à 1866.

Ce tableau donne les effectifs :

1° A l'intérieur ;
2° A l'armée d'Afrique ;
3° A l'armée d'Orient ;
4° A la division d'occupation en Italie (Rome) ;
5° En congé renouvelable ;
6° En congé de six mois ;
7° A l'armée d'occupation en Lombardie et Piémont ;
8° A l'expédition de Chine ;
9° A l'expédition de Syrie ;
10° A l'expédition de Cochinchine ;
11° A l'expédition du Mexique ;
12° A la réserve.

Situation établie d'après le Compte rendu annuel publié par le Ministre de la guerre.

EFFECTIF ENTRETENU SOUS LES DRAPEAUX

ET RÉSERVE

TABLEAU n° 6.

Officiers, Sous-Officiers, Caporaux

	1851	1852	1853	1854	1855	1856	1857
A l'intérieur	335,266	332,242	304,864	283,871	375,231	310,347	301,014
Armée d'Afrique.	71,713	68,337	71.937	74,999	64,893	64,235	82,004
	406,969	400,579	376,101	358,870			
Armée d'Orient.	»	»	»	»	104,092	197,507	»
Division d'occupation en Italie, (Rome).	»	»	»	»	10,473	5,357	4,884
					555,280	577,536	
En congé renouvelable. .	»	»	»	»	»	»	87,000
							566,801
En congé de six mois. . .	»	»	»	»	»	»	»
Armée d'occupation en Lombardie et Piémont.	»	»	»	»	»	»	»
Expédition de Chine. . .	»	»	»	»	»	»	»
Expédition de Syrie . . .	»	»	»	»	»	»	»
Expédition du Mexique. .	»	»	»	»	»	»	»
Expédition de Cochinchine.	»	»	»	»	»	»	»
Réserve.	69,787	97,329	126,889	157,802	39,430	11,755	10,864
	476,756	497,908	502,990	516,672	594,728	589,291	577,665

EN VERTU DE DIVERSES LOIS DE FINANCES.

AU 1er JANVIER.

ou Brigadiers et Soldats.

1858	1859	1860	1861	1862	1863	1864	1865	1866
207,004	322,228	308,559	305,033	350,717	320,103	307,006	281,000	286,690
75,338	73,500	83,782	66,432	70,064	57,361	61,044	83,135	69,888
»	»	»	»	»	»	»	»	»
5,230	6,050	7,004	19,428	17,824	17,094	15,430	13,656	8,812
101,201	135,407	7,716	»	»	»	»	»	»
538,932	537,185							
»	»	56,755	»	»	»	»	»	»
»	»	55,281	»	»	»	»	»	»
»	»	5,468	7,043	4,420	»	»	»	»
		615,465						
»	»	»	7,173	»	»	»	»	»
			467,009					
»	»	»	»	738	27,423	35,318	32,272	30,174
				453,669			410,072	395,564
»	»	»	»	»	2,150	1,713	»	»
		»			430,161	421,411		
47,547	13,887	41,017	152,197	159,074	165,827	178,804	196,417	214,826
586,479	551,072	626,482	619,206	612,743	595,988	600,215	607,089	610,390

TABLEAU N° 7.

DÉCÈS SELON L'AGE DANS LA VILLE DE PARIS,

MOINS LES ENFANTS ENVOYÉS EN NOURRICE,

et

NAISSANCES ANNUELLES.

Ce tableau est établi d'après l'Annuaire du bureau des longitudes.

TABLEAU N° 7.

DÉCÈS SELON L'AGE

AGES.	1820	1825	1831	1837
De 0 jour à 3 mois.	3,038	3,941	3,881	3,255
De 3 mois à 6 mois	320	453	404	467
De 6 mois à 1 an..	720	931	882	910
De 1 an à 2 ans.	1,340	1,842	1,566	1,701
De 2 ans à 3 ans.	594	1,144	965	980
De 3 ans à 4 ans.	422	830	644	696
De 4 ans à 5 ans.	311	572	481	484
De 5 ans à 6 ans.	194	440	334	357
De 6 ans à 7 ans.	174	301	201	336
De 7 ans à 8 ans	133	217	201	186
De 8 ans à 9 ans.	119	107	102	142
De 9 ans à 10 ans.	98	133	123	141
De 10 ans à 15 ans.	393	557	479	545
De 15 ans à 20 ans.	703	1,091	756	1,020
De 20 ans à 25 ans.	1,339	1,021	2,048	1,767
De 25 ans à 30 ans.	965	1,409	1,370	1,406
TOTAL.	10,831	14,892	14,330	14,495

Nombre des naissances..	24,858	20,253	20,530	20,000

DANS LA VILLE DE PARIS.

Extension de la ville de Paris en 1860.

1844	1849	1851	1856	1861	1862	1863	1864	1865
3,357	3,187	3,507	3,978	3,715	5,271	5,242	4,908	4,964
425	723	805	916	1,135	1,008	1,050	1,102	1,320
803	1,372	980	1,437	1,890	1,040	1,820	2,080	2,328
1,470	3,018	1,036	2,502	3,232	2,038	2,082	3,182	3,758
880	1,018	1,029	1,404	1,500	1,027	1,387	1,552	1,775
915	1,132	649	801	1,008	945	800	971	1,121
451	700	407	573	619	645	588	675	701
345	532	312	432	409	448	398	404	485
250	470	253	278	350	328	274	274	350
175	200	153	240	178	185	178	208	240
140	278	123	185	155	144	149	134	158
150	239	95	175	125	120	115	111	104
597	875	408	722	588	582	587	571	607
1,302	1,348	808	1,870	1,400	1,290	1,304	1,272	1,300
2,051	3,370	1,474	3,106	2,266	2,201	2,218	2, 0	2,553
1,580	3,560	1,441	2,180	2,060	2,149	2,207	2,201	2,888
14,026	22,901	13,839	20,631	20,750	21,917	21,503	21,853	24,800
31,956	30.141	32,324	34,987	53,570	52,312	54,077	53,835	55,006

TABLEAU N° 8.

COMPOSITION DES CONTINGENTS SOUS LE RAPPORT DES PROFESSIONS.

Établi d'après le Compte rendu annuel du recrutement.

TABLEAU N° 9.

POPULATION DE LA FRANCE PAR AGES.

Moyenne de 1841 à 1861, d'après l'Annuaire du bureau des longitudes et la Statistique générale de la France.

TABLEAU N° 10.

MARIAGES SUIVANT L'AGE EN 1854.

D'après la Statistique générale de la France et l'Annuaire du bureau des longitudes.

TABLEAU N° 11.

NOMBRE COMPARATIF DES MARIAGES DE 1817 A 1863 et Contingents appelés.

D'après la Statistique générale de la France et l'Annuaire du bureau des longitudes.

Tableau n° 8.

COMPOSITION DES CONTINGENTS SOUS LE RAPPORT DES PROFESSIONS.

APPEL DE 100,000 HOMMES.

CLASSES.	1860	1861	1862	1863	1864
Ouvriers en bois	6,868	6,706	6,944	6,934	7,085
Ouvriers en fer et autres métaux	4,134	4,947	4,962	5,074	4,984
Ouvriers en cuir	2,127	2,129	2,163	2,396	2,312
Ouvriers en pierre et mineurs	4,840	4,703	5,048	5,021	5,287
Employés aux travaux de la campagne	50,474	50,874	51,135	50,844	50,449
Écrivains ou commis	4,472	4,386	4,494	4,700	4,865
Tailleurs d'habits	787	744	776	695	714
Bateliers ou mariniers	2,066	2,300	2,532	2,557	2,480
Professions autres que celles spécifiées ci-dessus	20,747	19,453	19,299	18,803	19,498
Sans profession et vivant de leur revenu	2,484	2,993	4,944	2,792	2,864
Nombre d'hommes que les cantons n'ont pu fournir, attendu l'épuisement de la classe	474	126	433	180	84
	100,000	100,000	100,000	100,000	100,000

Tableau n° 9.

RAPPORT DES AGES A LA POPULATION GÉNÉRALE.

MOYENNE APPROXIMATIVE DE 1841 A 1861 (35,766,120).

AGES.	NOMBRES.	OBSERVATIONS.
1 jour à 10 ans	7,149,046	
11 ans à 20 »	6,400,561	Cette moyenne est prise sur les cinq derniers recensements.
21 » à 30 »	5,832,077	
31 » à 40 »	4,960,644	
41 » à 50 »	4,361,080	
51 » à 100 »	7,032,203	
	35,076,120	

Tableau n° 10.

MARIAGES SUIVANT L'AGE EN 1854

ENTRE

AGE.	GARÇONS ET FILLES.	GARÇONS ET VEUVES.	VEUFS ET FILLES.	VEUFS ET VEUVES.	TOTAL.
Avant 20 ans.	6,042	153	291	22	6,508
De 20 à 25 ans.	72,557	1,096	1,138	141	74,932
De 25 à 30 ans.	81,311	2,442	3,385	497	87,635
De 30 à 35 ans.	40,274	2,297	5,161	1,023	48,755
De 35 à 40 ans.	15,103	1,674	4,931	1,403	23,111
De 40 à 50 ans.	7,556	1,525	6,270	2,698	18,049
De 50 à 60 ans.	1,623	655	3,548	2,658	8,484
De 60 et au-dessus.	376	200	1,312	1,564	3,452
	224,842	10,042	26,036	10,006	270,896

Tableau n° 11

NOMBRE COMPARATIF DES MARIAGES DE 1817 A 1863

ET CONTINGENTS APPELÉS.

ANNÉES.	CONTINGENTS.	MARIAGES.	ANNÉES.	CONTINGENTS.	MARIAGES.
1817	40,000	205,244	1841	80,000	283,062
1818	40,000	212,979	1842	80,000	280,412
1819	40,000	215,068	1843	80,000	285,300
1820	40,000	208,893	1844	80,000	270,667
1821	40,000	221,868	1845	80,000	281,280
1822	40,000	247,495	1846	80,000	270,633
1823	40,000	262,020	1847	80,000	249,797
1824	40,000	231,680	1848	80,000	292,077
1825	60,000	243,674	1849	80,000	278,044
1826	60,000	247,194	1850	80,000	297,087
1827	60,000	255,738	1851	80,000	286,984
1828	60,000	246,839	1852	80,000	281,300
1829	60,000	248,796	1853	80,000	280,600
1830	80,000	270,900	1854	140,000	270,896
1831	80,000	246,438	1855	140,000	283,846
1832	80,000	242,041	1856	140,000	284,401
1833	80,000	264,061	1857	100,000	295,510
1834	80,000	271,222	1858	100,000	307,056
1835	80,000	275,008	1859	140,000	298,417
1836	80,000	274,145	1860	100,000	288,936
1837	80,000	266,554	1861	100,000	305,203
1838	60,000	273,174	1862	100,000	303,514
1839	80,000	266,890	1863	100,000	301,376
1840	80,000	281,998			

TABLEAU N° 12.

POPULATION DE LA FRANCE PAR AGES EN 1856.

	HOMMES.	FEMMES.	TOTAL.	OBSERVATIONS.
De 0 à 5 ans.....	1,740,820	1,697,917	3,438,737	Ce tableau ne comprend pas 340,000 hommes environ qui en route ou présents en Crimée n'ont pas été compris dans le recensement. Ils peuvent être répartis suivant leur âge, mais surtout parmi les hommes de 20 à 30 ans.
De 5 à 10 ans.....	1,658,121	1,619,527	3,277,648	
De 10 à 15 ans.....	1,612,976	1,557,393	3,170,369	
De 15 à 20 ans.....	1,535,725	1,530,077	3,065,802	
De 20 à 25 ans.....	1,352,241	1,550,530	2,902,771	
De 25 à 30 ans.....	1,414,705	1,487,353	2,902,058	
De 30 à 35 ans.....	1,366,523	1,356,024	2,722,547	
De 35 à 40 ans.....	1,317,082	1,290,480	2,607,562	
De 40 à 45 ans.....	1,211,694	1,080,078	2,291,772	
De 45 à 50 ans.....	1,089,164	1,081,918	2,171,082	
De 50 à 100 ans et plus.	3,574,168	3,788,147	7,362,321	
Ages non constatés...	57,220	15,786	73,006	
	17,857,430	18,155,239	36,012,669	

C'est avec intention que, pour la statistique des mariages et la population de la France par âges, nous avons choisi les années 1854–1856, qui sont des années de guerre. En effet, l'armée partie pour la Crimée et absente pendant deux ans et trois mois, a subi des pertes considérables (95,615 hommes), qui ont dû être cause d'une différence plus ou moins manifeste dans le nombre des mariages et dans la population générale après les deux années de campagne.

Pour se rendre compte de cette différence et la bien apprécier, il ne suffit pas de la constater seulement pendant deux ou trois années ; aussi avons-nous donné le relevé des mariages depuis 1817 jusqu'à 1863. Il devient alors plus facile de reconnaître que les pertes qui sont la conséquence de l'état de guerre ne sont pas les seules causes qui s'opposent à un nombre graduellement croissant des mariages, mais bien qu'il y a des différences souvent inexplicables.

SITUATION DE LA GARDE NATIONALE EN FRANCE

D'après une note anciennement prise, mais sans indication de date ni d'origine.

Les citoyens inscrits au contrôle du service ordinaire étaient ainsi répartis :

ARMES.	EFFECTIF	dont ARMÉS	ÉQUIPÉS	HABILLÉS.
Infanterie.	3,695,031	857,504	309,897	650 975
Cavalerie.	40,445	9,873	9,944	40,067
Artillerie.	49,085	17,268	16,233	47,246
Sapeurs-pompiers.	54,723	43,046	26,638	45,458
Marins	2,042	849	625	702
	3,781,306	928,490	437,302	784,439

Sur cet effectif 1,945,890 étaient mobilisables et divisés en six classes :

1re classe.	Célibataires de.	20 à 35 ans.	1,234,033
2e »	Veufs sans enfants, de.	20 à 30 ans.	4,049
3e »	Citoyens ayant un remplaçant sous les drapeaux,	id.	55,467
4e »	Mariés sans enfants	id.	456,096
5e »	Aînés d'orphelins, fils aînés de veuves	id.	406 544
6e »	Mariés avec enfants.	id.	303,053
			1,945,899

La garde nationale devait être divisée en trois groupes : le premier destiné à assurer le service intérieur; le second mobilisable, était une force additionnelle à l'armée ; le troisième était chargé de la défense des places frontières.

Cette situation donne la proportion des moyens de défense que la France pourrait attendre au besoin du patriotisme de ses habitants.

TABLE DES MATIÈRES.

TABLE DES MATIÈRES

www.ingramcontent.com/pod-product-compliance
Lightning Source LLC
LaVergne TN
LVHW020434230826
846091LV00004B/1490
9782016177020